Advanced Italian

EDITED BY

R. N. L. Absalom

Senior Lecturer in Modern Languages
Cambridgeshire College of Arts and
Technology

AND

S. Potestà

Lecturer in Modern Languages
Cambridgeshire College of Arts and
Technology

CAMBRIDGE at the University Press 1971

Published by the Syndics of the Cambridge University Press
Bentley House, 200 Euston Road, London N.W.1
American Branch: 32 East 57th Street, New York, N.Y.10022

Library of Congress Catalogue
Card Number: 74-142964

ISBN: 0 521 09640 5

Printed in Great Britain
at the University Printing House, Cambridge
(Brooke Crutchley, University Printer)

Contents

Acknowledgements

The authors would like to thank the following for permission to reproduce copyright material:

Arnoldo Mondadori Editore for articles by P. Monelli, B. Vandano, U. di Aichelburg and E. Radius; Società editrice il Mulino for material by G. Canziani, S. Lodi and C. Cavallotti; Edizioni Scientifiche Italiane for articles by S. Giacomo, F. Barbagallo, E. Rogati, U. Leone, A. Graziani, B. Jossa, E. Carbone; Casa Editrice G. C. Sansoni for an article by L. Russo; *La Stampa* for material by D. de Castro, N. Abbagnano, G. Rogliatti, L. Furno, and passages 19, 21 and 59; *Il Tempo* for material by M. Gandini, A. Perrini and passage 40; *Belfagor* for passages by F. M. De Sanctis and M. Raicich; Valentino Bompiani for passages by V. Brancati and A. Baldini; Editore Boringhieri for material by G. Cocchiara; *Corriere Della Sera* for material by C. Dominione, V. Buonassisi, C. Merzagora, and passages 15 and 58; *L'Espresso* for material by M. Scialoja, C. Cederna, A. Benedetti and G. Tecce; Gius Laterza e Figli for an article by W. Binni; Felice le Monnier for an article by B. Migliorini; *Tempi Moderni* for articles by L. Quaroni and R. Petrella; *Tempo Presente* for articles by R. Barletta, V. Gorresio and passage 17; the Italian Information Service for passages 34, 41, 51, 53, 54, taken from *Vita Italiana – Documenti e Informazioni*.

Dictionaries and works of reference likely to be of value to students and teachers

A Modern Italian Grammar, by F. J. Jones (U.L.P.)

Beyond the Dictionary in Italian, by P. J. T. Glendening (Cassell)

Cambridge Italian Dictionary, ed. Reynolds (C.U.P.)

Cassell's Italian Dictionary (Cassell)

Dizionario della lingua italiana (Garzanti)

Dizionario inglese-italiano e italiano-inglese, ed. Ragazzini and Rossi (Zanichelli-Etas Kompass)

Dizionario linguistico moderno, ed. Gabrielli (Mondadori)

Dizionario tecnico italiano-inglese e inglese-italiano ed. Denti (Hoepli)

Duden italiano (Harrap)

Grammatica italiana descrittiva, by M. Regula and J. Jernej (Francke)

Grande dizionario inglese-italiano/italiano-inglese, ed. Hazon (Garzanti)

La grammatica italiana, by S. Battaglia and V. Pernicone (Loescher)

L'italiano facile by F. Fochi (Feltrinelli)

Parole nuove, by B. Migliorini (Hoepli)

Vocabolario della lingua italiana, ed. Zingarelli (Zanichelli)

Preface

There is a grammar and syntax of ideas as well as one of words and phrases. Yet while the efforts of teachers and authors regularly converge on the latter, they are rarely directed at creating a coherent and constructive approach to the former, least of all where the divergences of conceptual models as between languages are most crucial, i.e. in areas of linguistic specialisation relating to many central transactions of social communication: politics, economics, science and technology, commerce, sociology and so on. Given appropriate material, however, in the form of extended passages of representative writing from such areas and appropriate written and oral exercises, students *can* be made familiar with the typical concepts of a language in these areas and *can* learn to adopt its specific *forma mentis*. Such a training will in turn enable them both to function effectively within the 'communications system' of the foreign language and if necessary to produce authentic translations into their own in important registers (see 'Note on Language Registers' on p. 5) usually neglected and therefore impenetrable.

Such a grasp of the *forma mentis* associated with the use of a language is not likely to be the result of Advanced Level teaching designed to meet the requirements of existing curricula based on acquaintance with set book classics; at the same time it is already clear that overdue reform of that teaching is now in sight, and that teachers of Advanced Level courses will soon need additional teaching material specifically designed to bring about this kind of additional linguistic awareness in their students. There are already advanced courses at Universities, Polytechnics and Technical Colleges, whether leading to degree or to membership of the Institute of Linguists, in which such material plays an important part. Finally, there are many thousands of self-taught students of Italian wishing to broaden and extend their competence by applying themselves to the study of advanced nonliterary uses of language but who would find it inconvenient to make an appropriate collection for themselves.

Italy, already as populous and quickly becoming as rich and as technologically advanced, as Great Britain, is certain to be one of the most important European trading partners of the English-speaking world, and the challenge represented by this fact must be faced as much in language studies as in the political and economic fields, for they are inextricably linked. This book is designed to fill an important gap in the material available to teachers and students aware of this challenge, and anxious, like the editors, to answer it successfully.

R.N.L.A.

Cambridge, 1970   S.P.

Introduction

In recent years new ground has been broken in teaching modern languages by intensive courses aimed primarily at students of 16 and above and adult learners. As a result there is much new material now available for language teachers working in this area, ranging from language-laboratory courses at elementary and intermediate levels to annotated editions of modern novels and short stories. Though obviously less well served than French or German, Italian has not been neglected in respect of these publications; it is now possible to find material which is quite adequate to take students up to an Ordinary Level standard of competence in Italian. However, this is normally followed by an Advanced Level course* still heavily biassed towards the traditionally literary lexis and usage, exemplified for the students primarily by the four or five 'set books' which they are required to study, only one of which, at most, is likely to be of the present century.

Such narrowness in linguistic source-material becomes a serious handicap as soon as students are ready, or required, to move away from the artificial mode of writing and speaking which is the present vehicle for and end-result of teaching for such examinations, into what may be defined as the 'central' area of language, i.e. that area in which the most frequent and important linguistic transactions of a society are conducted. That there is a wide gap between the competence achieved through the conventional study of a language up to Advanced Level and this 'central' area of language hardly needs demonstrating to anyone who recalls his own first attempts to *function* in real-life work or social situations abroad while relying on school knowledge of the language involved. Of course the difficulties are not

* Approximately the equivalent of College Entrance in the U.S. Ordinary Level is taken a year or two earlier.

entirely of a grammatical type, nor even of inadequate recall of vocabulary and idiom. They are also due to the inevitable immaturity of the adolescent learner, and in large part to the fact that each language is the expression of a whole cultural outlook, of a *forma mentis*, in many respects differing widely from the models provided by the mother tongue.

To engage in some form of extended discourse, whether spoken or written, in another language requires one to be familiar not only with the typical structures of its grammar and syntax (and with the specialised vocabulary pertaining to the specific subject of the discourse), but *also* with the ways in which that subject typically presents itself to the mind and in the speech and writing of native users of the language in question. This grasp of the mechanics of conceptualisation, of the forms of expression on specific topics peculiar to the culture, is as essential to genuine competence in *communication* as is competence in handling declensions and conjugations, agreements and common idioms.

The study of this aspect of communication in a foreign language cannot be conducted in terms of abstract theory: conceptualisation is indissolubly linked with specific linguistic content as well with appreciation of more general cultural determinants and it can only be effectively acquired as a dimension of the student's own competence by studying it in its concrete manifestations, in typical examples of usage in the central area of language already referred to. Moreover it is clear that in doing this the student will inevitably build up his own store of general knowledge and power of mature analytical thinking, since, to take an example, in studying the linguistic usage of an article on the economic situation in the north Italian industrial triangle or the demographic problems of the South he also acquires the factual basis and methodological insight furnished by the writer as part of the act of communication.

The problem remains to locate and present suitable material culled from the central area of usage which will also be graded for students as regards linguistic and conceptual difficulty and presented with appropriate notes and exercises. Certainly a teacher with plenty of time, and access to a wide range of native

2

Italian periodicals, newspapers and other sources can produce his own selection of material: but these conditions are too rarely fulfilled. The editors of this book have therefore aimed at providing working teachers of Italian with the benefits of their access to a comprehensive collection of material gathered over a period of years and carefully analysed in all relevant respects.

The book consists of graded passages of Italian about 500–600 words in length, ranging effectively over the 'central' area of usage, taken from the daily and periodical press, from specialised journals, and from miscellaneous other sources.

Various forms of advanced language exercise can be based upon such material, and teachers will doubtless wish to develop their own lines of work in this respect. Obviously the simplest approach is to use the passages as exercises in translation, and this would certainly be of great value to students in view of the extremely wide range of lexis and structures to be found in them.

The book however is not intended primarily to be a selection of passages for translation, a skill which, though useful, is not closely related to the acquisition of the active competence in communication with which advanced language teaching must be concerned. Rather is it a source book for the development of a range of skills which can conveniently be related to forms of exercise in what may be termed *analysis* and *recombination*. Naturally, it will often be useful to adopt exercises which combine elements of both.

Some suggested forms of exercise are as follows:

1 *Analytical*

    a after a careful reading of the passage, questions on the content are answered in English (to establish comprehension);

    b summarising the passage in English after studying it for a limited time (to exercise overall comprehension, rather than simply grasp of key points);

    c questions on specific points of linguistic usage (key words and idioms), which may also require some form of recombination work (giving alternative versions in Italian of the same concept).

3

    a questions on content are answered in Italian (to consolidate the lexical items acquired from the reading and to practise the grammatical operations involved in question-answering);

    b questions, to be answered in Italian, on points implied rather than stated in the passage, requiring the student to pursue specific lines of thought on the basis of the lexis and structures acquired and going well beyond simple recombination of the concepts and linguistic features of the passage;

    c making notes in Italian on the passage for a limited time and then using these as the basis of a summary in Italian, written without access to the original;

    d writing a free composition in Italian of roughly equal length to the passage on a topic lying within the same area of structures and concepts;

    e transposing passages from direct to reported speech.

Various kinds of oral work also arise naturally from the close study of passages such as these; the following suggestions by no means exhaust the possibilities:

    a individual students are required to take notes, in Italian, on the whole or part of the passage, and then give the gist of it orally, answering questions from teacher or class which require clarification or justification of the views expressed;

    b if appropriate, the passage may be used as the starting point for open-ended discussion of themes arising from it;

    c the passage, or part of it, is read aloud to the students without their seeing it and they are required to summarise, explain or contest it orally.

It is not suggested that the whole range of these exercises be prescribed in relation to each passage, for eventually attention would flag and further work on the passage would be unproductive. It might be best to start with the easier forms of exercise on a series of passages and return to them later to consolidate the material by using the more demanding exercises.

Some of the exercises outlined do not need further specific instructions, but a set of cues to analysis in the form of questions directed at either comprehension or usage are provided with each passage. Certain extrinsic cultural or social references likely to be beyond the knowledge of English students are explained in footnotes, but all intrinsic difficulties, whether of meanings or of expression, are left for the student to resolve with the guidance of his dictionaries and his teacher, for this is the essence of what can be learnt from application to these passages. For the convenience of teachers we have also provided a number of suitable topics for further discussion or free composition related to each passage; teachers will naturally wish to modify or add to these as suits their purposes best.

The editors are convinced that these passages, properly used, can be extremely valuable in carrying students from a stilted competence in the mechanics of a language towards that intuitive sense of all the connotations of discourse in the registers of the central area to which we have referred which ultimately makes possible a natural ease in receiving and transmitting meaning, in *communication*. In our view, this will be seen increasingly as the proper task of teachers and students in advanced language work.

A NOTE ON LANGUAGE REGISTERS

The selection of material for this book has been carried out on the basis of the following categories (often termed registers) of linguistic and stylistic usage:

i General (conversational and descriptive) e.g. normal 'fait-divers' journalistic, advertising, factual-article, news-bulletin, weather-forecast registers.

ii General (literary) e.g. detective-story, non-experimental novel or short-story, book reviews in middlebrow press, art and travel journalism registers.

iii Socio-cultural e.g. 'officialese', commerce, economics, insurance, politics, public notices, general regulations, law, 'instructions for use' etc.

iv Scientific–technological e.g. textbooks, research notes, and articles, specialist journalism, specifications in motor-vehicle and general engineering, agriculture, biology, public health, electronics, mathematics, etc.

These categories are in no sense scientific: they may overlap, and they obviously do not cover specifically 'literary' or 'art' writing. They do serve, however, as a good general guide to the main landmarks in the 'central area' of language referred to in the Introduction. They are given here in order to make clear the criteria of selection used by the editors and for reference by teachers wishing to develop their own collections of material.

1 *Il corridore G. Agostini*

Nella vita normale assume l'aspetto d'un superman dai modi cortesi, bello e affascinante. Nei momenti di crisi indossa rapidamente un'aderente tuta di morbido cuoio nero, con maschera di cuoio nero e stivali neri, e parte rombando su una moto che sembra un siluro. Vive all'estremo margine della vita, là dove quasi tutti temono d'avventurarsi, a una velocità vertiginosa, con incidenti da cui emerge imperturbabile, coperto di cicatrici e piú audace che mai. Inoltre, ha soltanto 25 anni.

Adesso è l'ora degli allenamenti. Fuori del ristorante una piccola folla fa ala tra la porta e la macchina del campione. L'auto è impolverata: qualcuno ha scritto sul parabrezza con un dito: 'Viva Agostini!'

Lui guida la sua Porsche 912 gialla con noncurante maestria. Semisdraiato al volante, parla gesticolando con una mano, mentre serpeggia con disinvoltura tra autocarri e uomini anziani in bicicletta. Affissa al cruscotto c'è una medaglia di San Cristoforo con la scritta 'Buon viaggio'. Ma sulla motocicletta Agostini non ha medaglie del genere. 'Non si può essere superstiziosi in questo sport' dice. 'Altrimenti io non farei mai una gara. Se hai un portafortuna e un giorno per caso non l'avessi e dovessi cominciare una gara senza, ci lasceresti la pelle, no?'

A Gallarate la nebbia, umida e grigia, è di casa; la pista di prova corre dietro la fabbrica: una deserta strada asfaltata, vigilata da apposite guardie. Le curve ai due capi svaniscono nella foschia. La Porsche gialla si ferma davanti alla fabbrica e Agostini scende in un *blazer* nero a doppio petto e calzoni di flanella grigia. C'è un silenzio perfetto, rotto soltanto dai *clic* metallici di un meccanico che lavora sulla motocicletta del campione.

Agostini si toglie cravatta, camicia, maglietta, calzoni, metodicamente, con occhi assenti, come uno che si prepari a un rito religioso. Apre il bagagliaio dell'auto, prende un casco, lo posa da una parte e s'infila una scolorita maglia marrone col collo da

7

ciclista. Poi spiega la tuta da corsa: il cuoio nero gli aderisce talmente al corpo che egli deve sollevare le spalle per chiudere la cerniera lampo sul davanti. S'infila gli stivali e li chiude con la cerniera sul dietro. Poi mette i guanti da corsa e, premendo tra le dita per farli aderire bene, s'avvicina alla moto.

Finora nessuno ha pronunciato parola. Il meccanico fa un cenno col capo e si tira indietro, tenendo in mano una chiave per le candele. Agostini calza il casco a strisce bianche rosse e verdi. S'allaccia sul viso la maschera di pelle nera e abbassa gli occhialoni. Con questo gesto cambia identità: diventa il Corridore, il Superman.

Mettere in moto un'Agusta MV 500 cc. somiglia molto a domare un cavallo selvaggio. Agostini l'afferra per il manubrio e la spinge correndole a fianco finché il motore s'avvia rombando. Poi balza in sella di lato e, con un movimento lento e scorrevole, la inforca e si fonde con essa. Il mostro scompare nella nebbia e il meccanico ne ascolta il ruggito da lontano, aggrotta la fronte e fissa la chiave inglese che ha in mano.

D'improvviso il ruggito si fa di nuovo più forte. La grossa moto sbuca dalla nebbia e passa sfrecciando sotto forma d'una goccia allungata, sfocata e silenziosa. Subito dopo giunge un rombo di tuono che ti scuote la gabbia toracica e ti fa spuntare lacrime agli occhi.

ROBERTO OTLUM, Selezione del libro

1 Riassumere il contenuto del passo precedente in circa 150 parole.
2 Rispondere in italiano in modo esauriente alle seguenti domande:
   a Qual'è lo spirito che anima i corridori motociclisti?
   b Quali elementi contribuiscono a formare il loro fascino?
   c Come avvengono gli allenamenti di Agostini?
   d Perchè Agostini non è superstizioso?
3 Spiegare le seguenti espressioni: vive all'estremo margine della vita; una piccola folla fa ala tra la porta e la macchina del campione; serpeggia con disinvoltura; balza in sella di lato; con movimento lento e scorrevole, inforca la moto e si fonde con essa.
4 Tema: Descrivere una manifestazione sportiva.

NOTE

Agostini = campione del mondo di motociclismo.

Gallarate = sobborgo di Milano, a circa 30 km a nord-ovest della città.

Agusta = industria metalmeccanica, produttrice di motociclette, elicotteri, trattori, ecc., per la quale corre Agostini.

2 *L'Europa resta a terra*

La data è fissata: salvo imprevisti, il 20 luglio i piedi dell'uomo (un astronauta americano) calcheranno il suolo della Luna. Dopo il 'Telstar', primo satellite per telecomunicazioni lanciato nel '62, gli Stati Uniti hanno messo in orbita altri sei satelliti in grado di coprire la Terra con decine di programmi televisivi e di collegare migliaia di circuiti telefonici. Il Giappone, specialista della miniaturizzazione, è prossimo al lancio di un satellite commerciale ultraleggero.

E l'Europa? La domanda viene posta spesso, ma la risposta non è semplice. L'Europa ha affrontato il problema, fatto progetti, preparato piani, ma finora procede con difficoltà e si trova in una fase di grave travaglio organizzativo. Il suo ingresso nello spazio è ancora lontano.

Per il momento le speranze stanno tutte in un razzo vettore a tre stadi, alto 31 metri e 70, di nazionalità mista e di nome non equivoco: 'Europa'. Il primo stadio di questo affusolato mastodonte è costituito dal 'Blue Streak' inglese, ex-missile militare messo perfettamente a punto nella versione civile; il secondo stadio è il 'Coralie' francese (la sua preparazione ha dato parecchio filo da torcere); e il terzo stadio è l'"Astris' tedesco. L'Italia non partecipa alla costruzione del vettore vero e proprio: in principio avrebbe dovuto fornire il satellite sperimentale di uno speciale motore ausiliario nell'ambito di un programma denominato 'Pass' poi il progetto è stato abbandonato e il nostro paese perciò sarà presente nell'"Europa' solo con alcune forniture elettroniche e con gli scudi termici del razzo.

Ma quale è la posta in gioco? Quali ragioni ha l'Europa di volersi inserire nella corsa allo spazio in cui sono impegnate le due grandi potenze?

Non si tratta certo di soddisfare motivi di orgoglio nazionale; la ragione per cui bisogna essere presenti è che lo spazio ha ormai acquistato un'enorme importanza commerciale e che rappresenta l'avvenire dei mezzi di telecomunicazione.

Ogni satellite americano del tipo Intelsat 3, già in orbita, è capace di collegare 1200 circuiti telefonici o 4 canali televisivi. Gli Intelsat 4, che entreranno in funzione tra il '70 e il '71, saranno i più grandi finora realizzati, con una capacità di 6,000 circuiti telefonici o di 12 canali di televisione a colori. Ognuno di questi satelliti ha una capacità di trasmissione dieci volte superiore a quella del più moderno cavo sottomarino e, contrariamente a quanto può sembrare, il costo di costruzione e di messa in orbita è inferiore al costo di posa e di manutenzione dei cavi.

Ma non siamo che all'inizio: i satelliti concepiti attualmente sono relativamente deboli e i programmi televisivi che essi ritrasmettono debbono essere captati da costose antenne a terra (di proprietà degli Stati) che li inviano amplificati alle televisioni degli utenti. Si prevede che entro sei o sette anni i satelliti delle nuove generazioni potranno inviare direttamente i loro programmi alle antenne individuali. La televisione non avrà più frontiere: un fatto politico, sociale, commerciale di rivoluzionaria importanza.

L'importanza dei satelliti commerciali non è più ignorata da nessuno. Non è un caso che nel novembre scorso, alla terza conferenza spaziale europea di Bonn, fossero presenti osservatori inviati dal Vaticano, interessato a questo favoloso mezzo di espressione su scala universale. E non è un caso che gli Stati Uniti facciano di tutto per cercare di conservare il monopolio di questo prezioso strumento. Con una politica sottile di cointeressenze, profittando delle discordie e delle indecisioni degli europei, ci sono quasi riusciti.

MARIO SCIALOJA, *Espresso*

1 Riassumere il contenuto del passo in non più di 200 parole.
2 Rispondere in italiano in modo esauriente alle seguenti domande:
  a Quale posizione occupa l'Europa nel contesto delle ricerche spaziali?
  b Quale posizione vi occupa l'Italia?
  c Quali motivi commerciali rendono tutte le nazioni interessate allo spazio?

3   Spiegare in italiano le seguenti espressioni: specialista della miniaturizzazione; fase di grave travaglio organizzativo; razzo vettore a tre stadi; affusolato mastodonte; filo da torcere; scudi termici; la posta in gioco; costo di posa e di manutenzione; favoloso mezzo di espressione su scala universale; politica sottile di cointeressenze.

4   Tema: L'uomo nello spazio; speranze e timori.

3 *Psicologia dell'automobilista*

A. D. M., modestissimo funzionario, si vanta di raggiungere con la sua macchina, utilitaria di serie, medie così eccezionali che lo farebbero credere un mitomane. In realtà, è uno squilibrato proprio perché mitomane non è. Le sue medie sono vere, e ottenute col semplice espediente del non rallentare mai, del sorpassare sempre e senza indugi. Che debba percorrere venti chilometri o cinquecento, A. D. M. non si ferma mai, non permette alla famiglia di sgranchirsi le gambe o prendere un caffè. L'oscuro motivo della sua furia è rivelato da certi suoi atteggiamenti durante i viaggi o le gite, e da alcuni aspetti della sua storia personale. A. D. M. osserva e ricorda, forse inconsapevolmente, le automobili che sorpassa e quelle (rarissime) dalle quali è sorpassato, le macchine in attesa ai caselli delle autostrade, in sosta davanti ai motel o ai bordi delle vie provinciali. Guidando, dice di continuo: 'Questi sono i tedeschi che prendevano il caffè a Firenze... Ecco la *Ford* che ci ha passati mentre facevamo benzina... La *spider* gialla che è entrata a Lodi insieme con noi ...' Se tenta di sorpassarlo una macchina meno potente della sua, nel distanziarla la scruta attraverso lo specchietto con una bizzarra espressione di timore. Quando riesce a superare una vettura di grande potenza e lusso, il suo viso si illumina di autentica voluttà. Nella sua storia personale, il dato di rilievo è questo: figlio unico e coccolato di famiglia d'alto livello sociale, studente di grandi speranze, laureato a pieni voti, A. D. M. è rimasto fermo, e ormai definitivamente, ai primi gradini della carriera.

Insomma: nel viaggio o nella gita, quest'uomo vede la rappresentazione della carriera. Le piccole automobili che lo intimoriscono, sono i colleghi di provenienza sociale e cultura inferiori, che furbamente vorrebbero 'fargli le scarpe'; le grosse cilindrate e le fuori-serie sono i dirigenti che egli bramerebbe raggiungere e sorpassare, le auto registrate durante il cammino corrispondono ai conoscenti che gli piacerebbe di aver lasciato indietro professionalmente e socialmente nel corso della sua vita.

Indicativo fu un incidente che A. D. M. provocò l'anno scorso a Torino. In quei giorni, egli temeva che nella scelta per un incarico abbastanza importante gli fosse anteposto un suo collega, che egli disprezzava sul piano intellettuale. In una via del centro fermò la macchina a un semaforo, restando qualche metro distante dalla striscia pedonale. Nello spazio libero, piano e timidamente si inserì un ragazzotto con un furgoncino. A. D. M., preso da un furore folle, scese di macchina urlando: 'Quell'analfabeta!', e prese a calci il ragazzo.

B. VANDANO, Epoca

1 Riassumere il contenuto del passo in circa 150 parole.
2 Rispondere in italiano in modo esauriente alle seguenti domande:
  a Quali sono le reazioni di A.D.M. di fronte ai vari tipi di automobili che incontra?
  b Quali sono i motivi che fanno da sfondo al comportamento di A.D.M.?
  c Che cosa rappresenta il 'sorpasso'?
3 Spiegare le seguenti espressioni: utilitaria di serie; è uno squilibrato proprio perchè mitomane non è; inconsapevolmente; le macchine in attesa ai caselli delle autostrade; nel distanziarla la scruta attraverso lo specchietto con una bizzarra espressione di timore; che furbamente vorrebbero 'fargli le scarpe'; indicativo fu un incidente che A.D.M. provocò l'anno scorso a Torino; gli fosse anteposto un suo collega.
4 Tema: L'automobile come nuovo feticcio.

4 Perché gli uomini crescono di più?

Fra i fattori esterni o ambientali dell'accrescimento corporeo si deve ricordare soprattutto l'alimentazione, la cui importanza è provata dal rallentamento della crescita quando essa sia insufficiente od ostacolata da alterazioni dell'apparato digerente o da altre cause. Non soltanto le deficienze alimentari quantitative (ossia della quantità complessiva di cibo), ma anche quelle qualitative (di certi principi alimentari, pur essendo soddisfacente la quantità complessiva) possono influire sull'accrescimento: e fra i vari principi alimentari hanno soprattutto importanza le proteine.

A quali cause si potrà dunque attribuire l'aumento medio della statura delle nuove generazioni? Non è possibile interpretarlo come l'effetto di una mutazione ereditaria, di un'evoluzione, poiché non sarebbe facile spiegare il fatto che l'aumento della statura è avvenuto all'incirca in tutte le popolazioni della Terra, o almeno in tutte quelle per le quali esistono rilevazioni statistiche attendibili. Una mutazione ereditaria, cioè la comparsa di un improvviso nuovo carattere trasmissibile ereditariamente, consistente nella tendenza ad un più spiccato accrescimento, potrebbe interessare soltanto un piccolo nucleo di individui, e occorrerebbero centinaia d'anni affinché, per selezione naturale, queste persone più alte prendessero tale sopravvento da formare la media degli esseri umani.

Si deve invece propendere soprattutto per l'azione dei fattori esterni, ambientali, rappresentati dal miglioramento dell'alimentazione e del genere di vita rispetto alle generazioni precedenti. Fin dall'infanzia i giovani d'oggi trascorrono molte ore all'aperto, compiono un'intensa attività fisica, si espongono al sole, si dedicano agli esercizi sportivi e tutto ciò rappresenta senza dubbio un intenso stimolo sulle attività del ricambio organico, sull'assimilazione delle sostanze nutritive. Anche il tipo d'alimentazione è, soprattutto qualitativamente, migliorato, come effetto della continua divulgazione delle norme igieniche, la cui cono-

scenza si è diffusa pressoché in ogni strato delle popolazioni, contemporaneamente ad un maggiore livello delle risorse econono-
miche. Che questa sia la spiegazione è confermato anche dal fatto
che la tendenza all'aumento della statura è coincisa proprio con il
cambiamento delle abitudini di vita avvenuto negli ultimi tempi,
mentre per secoli la statura media degli uomini si era mantenuta
pressoché stazionaria, come dimostrano gli studi antropologici.

Vi è ancora un'altra conferma alla tesi ora esposta. Quando il
medico vuole stimolare la crescita un po' pigra d'un fanciullo
ricorre, a parte le eventuali cure ormoniche, ad una dieta ad alto
potere energetico, ricca di proteine e di vitamine, e alla ginnastica
respiratoria, e con questo può sperare di guadagnare qualche
centimetro di altezza anche nei soggetti che ereditariamente
sembrano destinati ad una statura al di sotto della media.

ULRICO DI AICHELBURG, Epoca

1   Riassumere il passo in non più di 150 parole.
2   Rispondere in italiano in modo esauriente alle seguenti domande:
    a   In che modo l'alimentazione influisce sulla crescita umana?
    b   Perché è da escludere la mutazione ereditaria come causa del-
          l'accrescimento corporeo?
    c   Quale complesso di fattori fornisce una spiegazione del-
          l'aumento della statura?
    d   In che modo un medico può stimolare la crescita di un soggetto
          apparentemente poco adatto?
3   Spiegare in italiano le seguenti espressioni: la quantità complessiva
    di cibo; rilevazioni statistiche attendibili; un piccolo nucleo
    d'individui; si deve invece propendere; un'altra conferma alla tesi
    ora esposta.
4   Tema: L'importanza di una sana nutrizione.

5 Nuovi indirizzi produttivi per l'industria conserviera

La Mostra internazionale per l'industria delle conserve è la rassegna tecnicomerceologica più importante d'Europa di un settore che, per quanto ci riguarda, presenta due differenti facce, in stridente contrasto fra loro. Da una parte l'industria meccanica a destinazione conserviera coi più perfezionati impianti e macchine, fiorente per l'interessamento che suscita tra gli operatori di vecchi e nuovi paesi conservieri; dall'altra un'industria trasformatrice di antico prestigio che, anche se rinnovata o aggiornata nelle strutture, non possiede una adeguata capacità di riorganizzazione aziendale, di rilancio commerciale, di penetrazione mercantile. Problemi aggravati dalla persistente disfunzione dei rapporti col mondo agricolo, dalla errata localizzazione delle fabbriche e dalla polverizzazione degli impianti, dalle arretrate condizioni dei canali distributivi, dalla poca educazione alimentare del consumatore, dalla carenza legislativa in fatto di repressione delle frodi.

Altra fonte di preoccupazioni e incertezze, inoltre, si ritrova nella sempre più scarsa difesa che la comunità è in grado d'offrire alla massiccia penetrazione del conservato vegetale extraMEC, alimentata dall'incontenibile concorrenza che i nuovi produttori (Portogallo, Spagna, Grecia e Tunisia) hanno scatenato su tutti i mercati mondiali. Mancata preferenza per il prodotto italiano in seno al MEC e il non-rispetto da parte della Grecia delle clausole comunitarie di associazione sono altri aspetti di una situazione che gli interessati definiscono drammatica.

E' evidente che, in queste condizioni, non si può più fare affidamento solo sulle difese governative o comunitarie. Occorre innovare nello stesso campo della produzione. I nuovi produttori stranieri non potranno più essere scalzati; non possiamo competere con il loro 'grezzo', cioè il concentrato (per i pelati la situazione è meno pesante e la qualità compensa il prezzo più

17

alto), ma è invece possibile utilizzare questa prima trasformazione del pomodoro nella fabbricazione di nuovi prodotti alimentari.

Se la vecchia strada sulla quale siamo stati i primi a muoverci – insegnando poi agli altri, dotandoli persino dei macchinari più moderni da noi stessi creati – non ci consente più d'essere competitivi, bisogna imboccarne una nuova. C'è tutta una gamma di alimenti 'pronti all'uso', che il mondo del consumo esige, in cui l'esperienza e l'estro dei nostri conservieri possono manifestarsi. Ciò determinerà, ovviamente, il sorgere di altri problemi, soprattutto distributivi, come vedremo; ma se non si vuole che la pomodorocoltura e l'industria conserviera italiane spariscano è indispensabile mutare indirizzi ormai superati.

CARLO DOMINIONE, Corriere della Sera

1 Riassumere il contenuto del passo in circa 100 parole.
2 Rispondere in italiano in mode esauriente alle seguenti domande:
   a Quali sono i problemi fondamentali messi in luce dalla Mostra internazionale per l'industria conserviera?
   b Quali sono le cause dell'attuale difficile situazione?
   c Quali soluzioni sono da ricercare?
3 Spiegare le seguenti espressioni: rassegna tecnicomerceologica; industria trasformatrice; persistente disfunzione dei rapporti col mondo agricolo; polverizzazione degli impianti; carenza legislativa; non potranno più essere scalzati; gamma di alimenti 'pronti all'uso'; indirizzi ormai superati.
4 Tema: L'importanza dell scienza dell'alimentazione nello sviluppo della società.

NOTE
MEC = Mercato Comune Europeo.

6 *Pericolo nero*

Si arriva da Linate e vien voglia di riprendere l'aereo per volarsene via un'altra volta. Grandi striscioni infatti decorano il viale d'accesso alla città, e son perlomeno strane le scritte di benvenuto che sventolano sopra la testa di chi corre in tassì. 'Di smog si muore', dicon le lettere cubitali a mezz'aria, e par d'entrare in una città colpita dalla pestilenza: attenzione al contagio, si avverte dal cielo, non sarebbe meglio fare un bel dietro-front?

Mai nessun inverno è stato così funesto per la gola, i bronchi e i polmoni dei milanesi; mai come quest'anno è entrata tanta fuliggine nella loro trachea. Né tanti giovani o adulti hanno avuto disturbi di respirazione, asma compresa, mentre le influenze son durate più a lungo e certe bronchiti non si sono ancora risolte. Ci si meraviglia perfino che quasi tutti gli alberi abbian messo le gemme (ma ce ne sono di quelli che uccisi dai veleni son rimasti neri e stecchiti). E son aumentate le puzze, di stracci marci, di cavoli lessi; c'eran sere di luna in cui bisognava barricarsi in casa, e se si aprivano un attimo le finestre, per via del fritto, un altro odore subito si faceva strada, ma molto più odioso e corrotto, così bisognava richiudere in fretta e ricorrere alle candele profumate.

Per questo nessun'altra iniziativa ha ottenuto il successo della petizione contro gli inquinamenti industriali proposti da 'Italia Nostra', dal Centro Studi e Attività politiche e dall'Ente provinciale del Turismo; e c'è sempre stata ressa nelle farmacie dove per un certo periodo si son raccolte le firme dei cittadini che protestavano contro la progressiva asfissia della loro città.

E non solo sono state raccolte firme, ma agli enti organizzatori dell' 'Operazione Aria per Milano' è arrivata una serie di documentazioni e denunce che potrebbero figurare in un eventuale museo degli orrori. Chi ha mandato campioni di metallo sgretolato dallo smog al punto di sbriciolarsi in mano, e si trattava nientedimeno che di sostegni di balconi; chi ha messo in una busta un campione della fuliggine che ricopre il grande terrazzo intorno al suo appartamento (su ognuno di questi terrazzi durante il periodo del riscaldamento, da ottobre ad aprile, sono stati raccolti circa centocinquanta chili di fuliggine e pulviscolo di carbone): chi invia il pulviscolo del suo davanzale, nelle dimensioni di un grosso oscuro fiocco di neve; chi invia fotografie di orrende fumate che erutta la ciminiera in mezzo all'abitato. Mentre altre immagini mostrano nubi biancastre di gas che entrano nelle case, facendo vomitare i bambini, tossire i grandi e piangere i cani per arrivare alle zone delle raffinerie che circondano Milano da cui giungono foto che mostrano orti bruciati e bambini costretti ad andar a scuola con un fazzoletto su naso e bocca che fa da mascherina.

C. CEDERNA, *Espresso*

1 Riassumere il contenuto del passo in circa 100 parole.
2 Rispondere in italiano in modo esauriente alle seguenti domande:
   a Che cos'è il pericolo nero, a Milano?
   b Quali organizzazioni si sono occupate di questo problema, e in che modo?
   c Quali prove sono state raccolte dal pubblico?
3 Spiegare in italiano le seguenti espressioni: lettere cubitali a mezz'aria; sere di luna in cui bisognava barricarsi in casa; ressa nelle farmacie; orrende fumate che erutta la ciminiera in mezzo all'abitato.
4 Tema: Le condizioni meteorologiche possono influenzare non solo la salute del corpo ma anche quella dello spirito.

NOTE

Linate = uno degli aereoporti di Milano.
Italia Nostra = Associazione che si occupa della tutela del patrimonio artistico e naturale italiano.

7 Gli usi commerciali della magia...

Ritengo di poter essere creduto se affermo che, tanto tempo fa, io spiegavo determinati avvenimenti semplicemente con il capriccio delle coincidenze.

Fu soltanto dopo la guerra che io mi resi conto delle mie straordinarie facoltà. Il ripetersi con tanta frequenza di taluni avvenimenti, sul mio cammino, non poteva infatti non mettermi in sospetto. Ed ero già a buon punto nella raccolta di elementi, quando, determinante in questo senso, fui un giorno all'ippodromo. Avevo appena fatto notare ad un amico, nuovo alle corse, che l'unica possibilità di vittoria del brocco sul quale aveva puntato poteva essere un capitombolo generale degli altri cavalli, allorché sulla pista sbocciò, come fiore mostruoso, un groviglio di gambe, di code, di teste, un putiferio di nitriti, e il brocco tagliò vittorioso e solo il traguardo.

Quella notte, naturalmente, non chiusi occhio. La mattina dopo, subito, passai alle prove pratiche, e non ci furono più dubbi. Ponendo la massima attenzione a non procurare danni irreparabili o gravi, feci cadere vasi di fiori dalle finestre, scivolare signore sul marciapiede, afflosciare gomme di auto, e cose del genere. Dopodiché, gonfio sino a scoppiare di comprensibile emozione, tornai a casa, dove, per poter riordinare in santa pace i miei tumultuanti pensieri, feci saltare le valvole al televisore dell'appartamento a fianco.

Devo confessare che, per qualche mese, dopo aver dato un assetto soddisfacente alla mia precaria posizione economica (e non fu difficile, frequentando gli ippodromi, anche se questo storpiò fatalmente qualche purosangue), io non pensai altro che darmi alla bella vita, divertendomi, sempre in modo lecito però, con il mio fluido prodigioso. In particolare mi appassionai al ciclismo riuscendo, a forza di forature e di 'cotte' dei suoi avversari, a fare di un modesto meccanico, dai polpacci dolenti e il fiato corto, un campione. Fu anzi questo macilento atleta a farmi balenare per primo la possibilità di sfruttare, a servizio degli uomini, le misteriose onde che emanavano dal mio cervello. ' *Lei porta fortuna!* ' ebbe a dirmi un giorno.

Una settimana dopo l'Agenzia Quadrifoglio fu aperta.

Elencare tutti coloro che in questi anni si sono avvalsi con profitto dei nostri buoni servigi, sarebbe impresa disperata. Basterà dire che io navigo veramente nell'oro, e non ho certo bisogno di frequentare gli ippodromi per sbarcare il lunario. Privati, enti pubblici, società sportive, industriali, dive del cinema, uomini politici, tutto il campionario della fauna umana e sociale ha varcato e varca ogni giorno le porte della 'Quadrifoglio'. I nostri schedari occupano ormai interi scantinati. Chi non ha bisogno nella vita di un poco di fortuna? Né, d'altra parte, noi forziamo minimamente la natura. Da che mondo è mondo, la sfortuna di Caio ha sempre fatto la fortuna di Sempronio e viceversa. Non è colpa nostra. Tutto quello che noi possiamo fare è vagliare attentamente caso per caso, nel rispetto rigoroso del codice morale che ci siamo imposti. Ad esempio non accettiamo mai incarichi da futuri eredi divorati dalla fretta. Niente soluzioni totali, voglio dire. Il massimo che la 'Quadrifoglio' può garantire è una gamba rotta, perché mi è stato assicurato che si guarisce perfettamente. Anche questo, però, soltanto in casi eccezionali. Sono cento e cento i modi per far andare a monte un affare, o qualcosa in malora, senza dover ricorrere a misure estreme. Non ci vuol niente, per me, far ritardare un treno, far piovere su un campo di calcio, affibbiare un raffreddore a un cantante rivale, o far crollare la tribuna di un rivale politico. E vanno in porto tante cose con un ritardo, un po' di pioggia, un raffreddore, un crollo!

Aggiustiamo matrimoni, salviamo aziende, raddrizziamo torti, premiamo fedeltà e costanze. ' *Date a Cesare quel che è di Cesare!* ' è il nostro motto.

MARIO GANDINI, Il Tempo

1   Riassumere il contenuto del passo in circa 200 parole.
2   Rispondere in italiano in modo esauriente alle seguenti domande:
   a Quale avvenimento cambiò le convinzioni dell'autore riguardo determinati avvenimenti?

b Qual fu la decisione che l'autore prese e che cosa la causò?

c Quali sono i principi del codice morale che l'agenzia si è autoimposta?

3 Spiegare le seguenti espressioni: darsi alla bella vita; le 'cotte' degli avversari; navigo nell'oro; sbarcare il lunario; tutto il campionario della fauna umana e sociale; far andare in malora; raddrizzare torti.

4 Tema: Che cosa farei se avessi un fluido sopranaturale.

NOTE

Brocco = cavallo di razza inferiore, scarto.

Caio e Sempronio = Prenomi romani, usati comunemente per indicare una persona ipotetica al pari di Tizio.

8 *La nuova flotta italiana*

L'incessante ritmo d'espansione nei traffici mondiali ha portato, nell'ultimo decennio, ad un incremento prodigioso dei traffici marittimi in Italia.

Se si passa, poi, ad esaminare nei particolari sviluppo della Marina Mercantile italiana, è possibile ricavare molte interessanti ed istruttive considerazioni. Dall'esame delle singole unità entrate di recente in esercizio, si rileva, in primo luogo, che tutti i settori delle attività marittime (traffico petroliero, traffico di merci secche, traffico passeggeri, attività crocieristica, pesca) contribuiscono con positiva efficacia all'aumento della flotta. Si sono registrati, infatti, nel 1967, aumenti di navi cisterna di unità adibite al trasporto di carico secco di navi da pesca (con prevalenza assoluta di unità destinate alla pesca oceanica). Abbiamo avuto, infine, un incremento – interessante sia dal punto di vista quantitativo sia dal punto di vista qualitativo – di navi traghetto appartenenti tanto all'armamento libero quanto all'armamento di Stato. Per quest'ultimo settore sono in corso di realizzazione importanti programmi 'di ringiovanimento', da attuarsi con l'immissione in linea di navi traghetto sulle rotte mediterranee. La crescente diffusione dei traghetti e l'accoglienza ad essi riservata dal pubblico lascia prevedere un ulteriore 'trend espansivo', a vantaggio sia delle industrie armatoriali sia, ed ancor più, dell'industria turistica. Ed in questo senso non ci sembra arrischiato definire la nave traghetto come il più potente mezzo di difesa della marineria contro la spietata concorrenza del trasporto aereo.

Un altro fenomeno interessante: il naviglio mercantile va sempre più intensamente specializzandosi. Prendiamo, ad esempio, la cisterna. Essa si trasforma da nave per trasporto esclusivo di liquidi in unità da impiegarsi per la nafta, per il metano, per altri idrocarburi classificati come merci pericolose. La nave trasporto merci secche, utilizzata anche in passato per qualunque tipo di carico, si specializza sempre più. Vediamo, così, le navi-frigorifero solcare i mari in numero sempre maggiore. Vediamo entrare in esercizio unità porta-containers: le navi modernissime che stanno diventando protagoniste della cosiddetta 'rivoluzione dei containers', per cui le merci non vengono più caricate 'sfuse', ma già sistemate in grandi cassoni metallici di facile maneggio.

Questa specie di automazione dei carichi è assai importante, se si pensa che per il 1970 è previsto nei nostri porti un traffico superiore ai 300 milioni di tonnellate; il che significa che, in media, ogni ventiquattro ore entreranno e usciranno dai porti italiani merci per un milione di tonnellate.

Queste previsioni, basate su statistiche e informazioni raccolte non solo in Italia, ma anche da imparzialissime fonti estere, sono, come suol dirsi in linguaggio tecnico, 'prudenziali'. Ciò significa che verranno, con molta probabilità, superate. Occorre, perciò, potenziare la nostra flotta mercantile in misura maggiore rispetto ai traguardi posti dal Piano e raggiungere, quanto prima, il traguardo degli otto milioni di tonnellate di stazza lorda. A questo risultato, se le attuali condizioni economiche e soprattutto quelle politiche rimarranno invariate, si dovrebbe giungere alla fine del 1970 o, al massimo, entro il 1971.

Ancora una volta, com'è nelle sue secolari tradizioni, la marineria italiana potrà, così, offrire il suo contributo all'equilibrio valutario del Paese e, di conseguenza, al suo sviluppo economico.

ANTONIO PERRINI, *Il Tempo*

1 Riassumere il contenuto del passo in circa 200 parole.
2 Rispondere in italiano in modo esauriente alle seguenti domande:
   a In quali settori si è sviluppata di recente la Marina Mercantile italiana?
   b Quale sono i principali problemi degli armatori?
   c Quali previsioni si possono fare per l'avvenire della Marina Mercantile?
3 Spiegare le seguenti espressioni: incremento prodigioso di traffici marittimi; attività crocieristica; armamento libero; l'immissione in linea di traghetti; solcare i mari; di facile maneggio; traguardi posti dal Piano; l'equilibrio valutario del Paese.
4 Tema: Vantaggi e svantaggi dei trasporti marittimi nelle condizioni moderne.

9/ Valutazione del lavoro

Vediamo brevemente quale è la struttura del sistema di valutazione di una grande azienda italiana, l'Italsider. In particolare, considereremo il sistema di valutazione per gli operai, poiché esso riguarda un numero di persone molto superiore a quello degli impiegati e degli intermedi. Il valore del lavoro – si afferma nel libretto divulgativo curato dall'azienda – dipende dalla quantità e qualità del lavoro stesso. A misurarne la quantità provvedono degli esperti mediante il rilievo e l'analisi dei metodi e dei tempi di lavorazione; gli standards quantitativi determinati saranno poi utilizzati nel calcolo degli incentivi. A misurare la qualità del lavoro provvede invece l'ufficio preposto all'organizzazione della produzione, mediante il sistema di valutazione.

Ora, se gli esperti di quest'ufficio si trovano di fronte a due tipi di lavoro, come il lavoro di un aggiustatore ed il lavoro di un addetto alla pulizia, è sufficiente il semplice buon senso per stabilire che il primo è di qualità superiore al secondo. Ma il problema, per quegli esperti è di stabilire di 'quanto' il primo lavoro è qualitativamente superiore al secondo. Di qui la necessità di un procedimento analitico; per individuare il contenuto dei diversi labori, occorre rilevarne gli aspetti e le caratteristiche, cioè i fattori di valutazione. Sono previsti 12 fattori, e precisamente: (1) la formazione precedente; (2) l'addestramento e l'esperienza professionale; (3) l'abilità mentale; (4) l'abilità manuale; (5) la responsabilità per i materiali; (6) la responsabilità per utensili, attrezzature e macchinari; (7) la responsabilità per il processo lavorativo; (8) la responsabilità per la sicurezza altrui; (9) lo sforzo mentale e visivo; (10) lo sforzo fisico; (11) le condizioni ambientali; (12) i rischi.

Ad ognuno di questi fattori viene attribuito un punteggio, graduato, che va da un valore minimo *A* ad un valore massimo *H*, secondo l'importanza dei fattori per un determinato lavoro. Hanno un punteggio massimo la responsabilità per i materiali (fino a punti 228) e la responsabilità per il processo lavorativo (fino a punti 130); minimo, vice-versa, è il punteggio per la formazione precedente (fino a punti 43) e per i rischi (fino a punti 47). La procedura per valutare il lavoro di un operaio passa per le seguenti fasi: '(*a*) effettuare l'analisi del lavoro per ciò che concerne procedimenti di lavorazione, compiti assegnati, attrezzature, ecc.; (*b*) compilare la descrizione del lavoro; (*c*) effettuare la valutazione del lavoro in base alla descrizione ed al manuale di valutazione (che è una guida base, in cui, per ciascun grado di ciascun fattore, è riportata una descrizione esemplificativa che definisce il grado stesso), e determinare 'la classe' del lavoro in oggetto'.

S. DI GIACOMO, *Nord e Sud*

1 Riassumere il contenuto del passo in circa 150 parole.
2 Rispondere in italiano in modo esauriente alle seguenti domande:
   a Qual'è lo scopo di avere un sistema di valutazione del lavoro?
   b In che modo si effettua una valutazione del lavoro?
   c Quali sono, e che cosa sono i 'fattori di valutazione'?
   d Come viene determinata la 'classe' di un lavoro?
3 Spiegare le seguenti espressioni: il sistema di valutazione per gli operai; mediante il rilievo e l'analisi dei metodi e dei tempi di lavorazione; individuare il contenuto dei diversi lavori; la formazione precedente; le condizioni ambientali.
4 Tema: L'evoluzione del concetto di 'lavoro.'

NOTE
Italsider = denominazione collettiva delle industrie dell'acciaio di proprietà dell'IRI.

10 *Che cos'è il buon gusto?*

Ecco una domanda che viene a proposito. Intorno a noi, infatti, c'è gran confusione: mode che si accavallano, imperativi estetici che subito decadono, idee contrastanti che si sovrappongono, precetti e costumi che mutano, velocissimi. Tutto, d'improvviso, sembra diventato possibile, e ogni misura di valutazione estetica appare in qualche modo rotta, sfaldata. Quello che importa è trovare risposta a una domanda che ci assale con sempre maggior urgenza: 'Dov'è andato a finire il gusto?', o meglio ancora: 'Che cos'è il gusto?', 'Che cos'è che lo determina?'

Innanzi tutto possiamo dire questo: il gusto non è determinato dalla moda e s'identifica con questa solo in parte. La moda infatti è una specie di moto perennemente volubile, il gusto, invece, è qualcosa di più coerente, più preciso. La moda è vivacemente esteriore, il gusto è un atteggiamento interno assai più profondo. La moda è provvisoria, fugace, il gusto è durevole. Scrisse a questo proposito il Tommaseo: '(Il gusto è la) facoltà di scorgere con giusto e pronto discernimento la bellezza e i difetti di un'opera, particolarmente in quel che essa mostra di piacevole o di ingrato'. E aggiunge più tardi l'Enciclopedia Italiana: 'E' il sentimento del bello, capacità d'intendere e d'apprezzare il bello ... Spesso riferito all'eleganza di vesti e ornamenti.'

Le parole invocate da questi specialisti, dunque, sono soprattutto 'discernimento, facoltà, sentimento', e ciò significa prima di tutto che il gusto è qualità innata più che lenta conquista. Chi di noi, infatti, non ha incontrato un bambino che subito ha definito dentro di sé: pieno di gusto? Quell'adolescente ancora un po' informe – pensavamo – sarebbe divenuto un giorno una persona di grandissimo gusto.

Il gusto, infatti, deve, come qualsiasi altra qualità umana, lentamente definirsi, maturare. Sulla dote innata ben presto incidono tanti elementi: l'educazione, i modi del proprio ambiente, lo stile della famiglia, la scuola. E naturalmente incide l'esperienza, fin quando quella qualità innata sboccia a poco a poco nel gusto individuale, pienamente formato. Il bambino di ieri è diventato oggi una persona dotata di gusto. Ma in che cosa la si riconosce? Che cos'è che la distingue dagli altri?

Ecco, prima di tutto la distingue una capacità di valutazione estetica molto precisa, una specie di prua che punta diritta in mezzo alla confusione dei valori ed è subito capace di scegliere la soluzione più autentica, più fine. La distingue dagli altri il senso della misura, vale a dire una sorta di armonia interna che le impedisce di eccedere, di abbandonarsi, di perdere il controllo di sé. La distingue anche una specie di atmosfera interiore che si traduce in certi aspetti concreti del vivere: il modo di vestirsi, di comportarsi, di arredare la casa, di circondarsi di persone e di cose. Una persona di gusto, infatti, non lascia nulla all'approssimazione, ma ogni gesto o azione, in lei, è guidata da questa sua intima precisione o coerenza. Ma attenzione. Avere gusto ed esserne consapevoli può anche portare con sé un grosso rischio; quello di curare la forma del vivere fino a perderne di vista l'essenza. Allora il gusto diviene maniera, arabesco. Purtroppo ogni epoca ci offre mille esempi di personaggi estenuati nel gusto o di artisti specializzati nella descrizione di ambienti impregnati di buon gusto. Uno di questi, per esempio, fu l'elegantissimo Ronald Firbank nei cui romanzi, scrive di nuovo Praz, 'si respira la stessa aria truccata che sembra dominare nelle mode femminili di quegli anni. I suoi personaggi, di cui non si riesce a ricordare l'abbozzata fisonomia, parlano come bambini viziati, saltano di palo in frasca, scoppiettano di riso a giochi di parole e a effetti di curioso contrasto. . . ' Ecco, qui il gusto è diventato rarefazione, vapore, nulla. Ha perso 'il giusto e pronto discernimento' di cui parlò il Tommaseo, ha confuso la sostanza con l'involucro. No, il vero gusto è ben altra cosa: non è svuotare se stessi, ma cercare d'esprimersi con armonia, con rara misura.

GRAZIA LIVI, *Epoca*

1   Riassumere il contenuto del passo in non più di 150 parole.
2   Rispondere in italiano in modo esauriente alle seguenti domande:
   a   Da che cosa si riconosce una persona di gusto?

b   Come si forma il gusto?

c   Sono le misure di valutazione estetica valide in ogni periodo e circostanza?

3   Spiegare le seguenti espressioni: il gusto è qualità innata più che lenta conquista; una specie di prua che punta diritta in mezzo alla confusione dei valori; non lascia nulla all'approssimazione; personaggi estenuati nel gusto; saltano di palo in frasca.

4   Tema: Il buon gusto ha leggi universali o è legato alla cultura di singoli popoli o individui?

NOTE

Mario Praz: celebre studioso italiano di letteratura inglese.

11 La politica delle donne

Tempo fa scrissi un articolo dimostrando, sulla base di dati statistici e di indagini scientifiche francesi, come la posizione della donna stia sempre più avvicinandosi a quella dell'uomo, non per ragioni di carattere contingente e mutevole, ma per sostanziali modificazioni dello sviluppo strutturale della società umana nei suoi fondamentali settori della demografia e della economia.

Malgrado questa progressiva evoluzione che è inarrestabile e fatale, non si afferma in Italia la convinzione che la donna debba seriamente interessarsi ai problemi politici; sta, anzi, avvenendo l'opposto. La tradizione della inferiorità politica della donna, radicata da millenni nei paesi a regime patriarcale, non solo tende a perpetuarsi, ma, in questi ultimi tempi, accenna a divenire più gravosa. E ciò appare tanto più assurdo in quanto, da un lato, contraddice la citata evoluzione, dall'altro molta parte della politica condotta bene o male dagli uomini deriva dai voti dati dalle donne, che numericamente sono superiori.

I preoccupanti risultati che sto per esporre derivano da una recente ed interessante indagine di campione predisposta dalla 'Doxa' che ha ripetuto un'analoga inchiesta condotta nel 1951. I casi nei quali le persone interrogate hanno risposto 'non so' sono pochissimi, dal che si deduce essere le opinioni in merito alla partecipazione della donna alla politica molto chiare e ben radicate.

La domanda che più ci riguarda è quella che chiede: 'E' meglio che le donne non si interessino di politica?'. Il 52 per cento delle interrogate nel 1951 ed il 60 per cento nel 1967 rispose affermativamente, nel senso cioè che le donne dovessero mantenersi estranee alla politica. E' interessante il fatto che, essendo stata rivolta, nel 1967, tale domanda anche agli uomini, solo il 56 per cento di essi riteneva preferibile il non interessamento dell'altro sesso in tale settore. Ne consegue, quindi, che della necessità del disinteresse politico da parte della donna è più convinto il sesso gentile che quello forte. Ma la gravità della constatazione sta non tanto nell'altezza delle cifre quanto nel fatto che la noncuranza per la politica vada crescendo.

Una conferma all'influsso esercitato dalla tradizione è data dalla persistenza del fenomeno in tutte le regioni d'Italia. Non è che il Nord, ritenuto evoluto e spregiudicato, consideri la donna più adatta alla politica di quanto la giudichino i riservati costumi vigenti nel nostro Sud.

Altra riprova dell'influenza della tradizione può essere trovata nel fatto che le giovani sono più favorevoli alla partecipazione femminile alla vita politica.

Si può immaginare che, nelle categorie più elevate, la donna sia più propensa ad interessarsi di politica. E ciò è confermato dalla statistica: nella classe media-superiore e media è contrario all'intervento della donna nel ricordato campo il 49 per cento delle interrogate; nella classe media-inferiore lo è il 63 per cento; nella inferiore il 66 per cento. Non ha influenza il fatto dell'abitare in grandi o piccoli centri.

Il fenomeno lascia molto perplessi in un momento nel quale si assiste, ovunque, alla valorizzazione completa ed incondizionata del sesso debole.

A mio parere si tratta soltanto di una influenza dovuta a pregiudizi radicati saldamente, che vanno estirpati non solo attraverso l'opera delle numerose associazioni femminili, ma anche con una penetrazione rivolta verso tutte le classi sociali.

DIEGO DE CASTRO, *La Stampa*

1 Riassumere il contenuto del passo in non più di 150 parole.
2 Rispondere in italiano in modo esauriente alle seguenti domande:
   a Qual è stato lo sviluppo della posizione della donna nella società?
   b Quali motivi determinano l'esclusione della donna dalla vita politica italiana?
   c Quali sono le differenze di opinione in Italia sulla partecipazione della donna alla vita politica e da quali fattori sono determinate?
3 Spiegate le seguenti espressioni: ragioni di carattere contingente e

mutevole; sostanziali modificazioni dello sviluppo strutturale della società; paesi a regime partriarcale; indagine di campione.

4 Tema: Dialogo tra due persone, una a favore e una contro, sulla partecipazione femminile alla vita politica.

NOTE

Doxa = Istituto di sondaggi di opinione operante su scala nazionale. Equivale alla 'Gallup Poll'.

...Né l'orrore delle repressioni, né lo zelo e la ferocia dei
poliziotti e degli sgherri, né le voci di arresti, di torture, di ucci-
sioni poterono sgominare quell'esercito sotterraneo. Componenti di bande, membri dei partiti, redattori e compositori di
giornali clandestini – se ne ebbero fino ad una trentina, ben fatti
i più, ben composti, con una serenità, un'eleganza di argomenti,
come se il metterli insieme e stamparli e distribuirli fosse grato
passatempo e non volesse dire invece pericolo di morte – con-
tinuavano il loro lavoro, scambi di idee e di progetti, trasmissioni
ed esecuzioni di ordini; si raccoglievano armi, messi uscivano di
città o vi rientravano tenendo il collegamento coi patrioti di
fuori, si preparavano gruppi per l'antisabotaggio. Attorno a
questo lavorìo c'era il consenso, anzi la complicità della popolazione: oneste famigliole borghesi, umili case operaie, ospitavano,
sfamavano chi era costretto ogni notte a cambiar domicilio,
tenevano in serbo carte pericolose; impiegati funzionari forni-
vano informazioni, tessere, bolli, documenti falsi; fornai facevano
il pane per gruppi di patrioti, trattorie sfamavano celatamente
gente braccata, chirurghi aprivan la pancia a malati immaginari,
monachelle di clausura accoglievan ebrei e renitenti alla leva,
sacerdoti trasmettevano messaggi segreti in confessionale. Tempo
fraterno che ci rifece buoni e cordiali, nelle inattese convivenze,
nelle lunghissime veglie, nella calda solidarietà con gente d'ogni
fede, con prigionieri di guerra, con patrioti scesi dai monti, con
persone di cui c'era ignoto anche il nome e di cui sapevamo che
ogni parola era detta per deviare congetture. Ci accomunava
l'attesa, per tutti uguale, d'un male vicino, nostro e di persone
care, la speranza ferma contro quel limite, il giorno della liberazione: al di là del quale non ci si raffigurava nulla, solo una gran
luce entro cui tutto sarebbe stato facile, il pensare, l'operare, il
lasciare passare gli anni. E ci pareva che quelle dure, compatte
giornate fossero come gli strati sotterranei traverso cui filtrando

l'acqua si purifica, all'uscire da esse tutti potessero sentirsi ugualmente mondi dalle illusioni, dagli errori, dai peccati, pronti ad iniziare una vita migliore.

P. MONELLI, *Roma 1943*

1 Riassumere il contenuto del passo in circa 150 parole.
2 Rispondere in italiano in modo esauriente alle seguenti domande:
  a Qual'è stato il ruolo della Resistenza militante?
  b Qual'è stato il ruolo della popolazione durante la Resistenza?
  c Che cosa ci si aspettava dalla Liberazione?
3 Spiegare le seguenti espressioni: sgominare quell'esercito sotterraneo; redattori e compositori di giornali clandestini; tenendo il collegamento coi patrioti di fuori; si preparavano gruppi per l'antisabotaggio; trattorie sfamavano celatamente gente braccata; chirurghi aprivan la pancia a malati immaginari; tempo fraterno che ci rifece buoni e cordiali nelle inattese connivenze; ci accomunava l'attesa.
4 Tema: La libertà è forse il maggior desiderio dell'uomo. Ma esiste in realtà?

13 Il controllo dei vini

L'Italia produce mediamente ogni anno 65 milioni d'ettolitri di vino; di questi 8-9 milioni sono rappresentati da vini tipici e pregiati, una *élite* per la cui difesa sono state codificate norme precise, stabilendo una serie di condizioni qualitative (dei vigneti, delle uve, dei mosti e dei vini) e quantitative (zone di produzione, rese di uva all'ettaro e dell'uva in vino). Sono stati chiamati vini a 'denominazione d'origine controllata', cioè D.O.C. A tutt'oggi il Comitato nazionale per la tutela delle denominazioni d'origine dei vini – che è organo consultivo del ministero dell'agricoltura – ha definito 56 denominazioni controllate, esprimendo 21 pareri negativi. Un'altra cinquantina di vini sono in fase istruttoria.

Fin qui nulla da eccepire, perché il Comitato non fa che applicare le leggi con le quali egli stesso è stato creato. Ma la legittimità dell'uso di una data denominazione non può essere verificata né dall'impresa distributrice privata né tanto meno dal consumatore. Vi è un'opera di controllo che compete, da noi, solo alla pubblica amministrazione. E dovrebbe essere un controllo rigido, perché gli abusi sono troppi, anche all'interno delle zone produttrici di vini 'controllati'. Ma controllati da chi e come?

Considerata l'inefficienza del Servizio repressioni frodi rispetto alle esigenze di controllo delle uve e dei vini, si potrebbero ridurre gli abusi mantenendo innanzitutto l'obbligo della bolletta d'accompagnamento per tutte le uve da vino, almeno nei comuni e nelle province in cui una parte preponderante della produzione è costituita da vini D.O.C. Altra soluzione sarebbe quella di modificare le norme del DPR 930 concernenti le rese massime, prescrivendo che una resa massima inferiore a quella fissata dal disciplinare possa essere stabilita annualmente entro il 15 settembre con decreto del prefetto, su proposta degli enti economici e vitivinicoli provinciali.

La soluzione più logica sarebbe quella di creare anche da noi un organismo autonomo, come l'INAO francese (Institut

National Appellation Origine), che ha un bilancio proprio di circa mezzo miliardo di lire annue con il quale può mantenere mille funzionari sparsi in tutta la Francia e perfino un ufficio legale per le controversie giudiziarie. E questo organismo in Italia già esiste: è il Comitato nazionale per la tutela delle denominazioni d'origine dei vini. Basterebbe dargli la configurazione giuridica e amministrativa, assicurandogli il finanziamento che gli potrebbe venire dal contrassegno di Stato che si propone di applicare alla D.O.C. ad un prezzo non inferiore alle 5 lire. Con ciò si potrebbe creare un servizio di vigilanza veramente efficiente e capillare, capace di stroncare non solo gli abusi ma anche le frodi nel più vasto campo dei vini comuni.

Ci si arriverà? Ne dubitiamo, rilevando che il Comitato nazionale a quattro mesi dalla fine del 1969, non sa ancora se potrà per il 1970 contare su un finanziamento sufficiente per continuare nella sua attività. Due proposte di iniziativa parlamentare, in tal senso, sono state discusse congiuntamente alla fine di maggio; poi è venuta la crisi di governo e non si è andati oltre. E anche ciò contribuisce ad aumentare il caos in un settore che abbisogna di vigilanza, di controlli e di repressioni.

CARLO DOMINIONE, Corriere della Sera

1 Riassumere il contenuto del passo in circa 150 parole.
2 Rispondere in italiano in modo esauriente alle seguenti domande:
   a Quali sono i compiti del D.O.C.?
   b Quali suggerimenti vengono fatti per rendere più efficiente il controllo dei vini?
   c Qual è l'importanza dell'istituzione di un controllo vinicolo?
3 Spiegare le seguenti espressioni: rese di uva all'ettaro e dell'uva in vino; un'altra cinquantina di vini sono in fase istruttoria; l'obbligo della bolletta di accompagnamento per tutte le uve da vino; configurazione giuridica e amministrativa; servizio di vigilanza veramente efficiente e capillare; due proposte di iniziativa parlamentare.
4 Tema: Le sofisticazioni alimentari.

NOTE
DPR 930 (Disciplinare per resa) Norma che fissa le rese massime delle varie zone vitivinicole.

14 *Vogliamo davvero una politica seria?*

Si può dubitare che gli italiani vogliano veramente le riforme che chiedono. Valga ad esempio la riforma dell'amministrazione. I partiti governativi non sono interessati a realizzarla perché, se fosse fatta, non potrebbero ottenere voti con la promessa di far andare avanti le pratiche. E gli italiani non la desiderano perché, se fosse realizzata, ognuno dovrebbe aspettare il suo turno e non ci sarebbero favoritismi. L'italiano ama il favoritismo e odia l'ordine, l'attesa, il rispetto della precedenza e via dicendo. L'italiano ama considerare ogni servizio come un favore dato o ricevuto: perciò è attaccato al legalismo, alla forma, alle parole rituali. Se un'amministrazione di tipo svizzero fosse miracolosamente trapiantata in Italia, verrebbe subito 'italianizzata' dal pubblico.

Un governo che presentasse, come sarebbe razionale, un programma immediato, concreto, perciò necessariamente ristretto, non durerebbe, perché il popolo italiano non vuole cose del genere, anche se dice di volerle. Se gli uomini politici fossero convinti della necessità di mantenere le loro promesse per essere rieletti, prometterebbero quel che possono mantenere e lo manterrebbero: ma non lo fanno perché quella necessità non esiste. E le critiche che il popolo italiano rivolge al governo non sono critiche, ma sfoghi emotivi che lasciano il tempo che trovano; e tutti lo sanno.

Queste considerazioni hanno riscontro in molte delineazioni del 'carattere' del popolo italiano. Esse conservano tuttora una certa verità sommaria o approssimativa, nei limiti in cui si può parlare del 'carattere' di un popolo. Ma non esiste un carattere immutabile, che non possa essere modificato o corretto dall'ambiente, dalle circostanze e dalla scelta consapevole di colui che lo possiede. Anche se i tratti summenzionati del carattere degli italiani fossero autentici, questo non direbbe ancora che, in un futuro più o meno prossimo, gli italiani non possano, almeno in qualche misura, modificarli o correggerli.

Non esiste in questo campo un destino o un fato cui si debba necessariamente soggiacere. Cambiar carattere significa assumere un atteggiamento più attivo di fronte ai problemi che ci interessano, cercare di conoscerli nei loro dati, nelle loro soluzioni alternative e decidersi a ragion veduta per una di esse, impegnandosi per la sua realizzazione e sorvegliando che vada in porto. Questo atteggiamento è assunto, dalla maggiore parte degli italiani, nei campi più disparati cui essi rivolgono, e con successo, la loro attività. Perché non in quello della politica?

Gli italiani si trovano oggi di fronte ad un bivio. Vogliono rimanere fedeli al 'carattere' che le vicende storiche e il loro comportamento hanno ad essi affibbiato e limitarsi a mugugnare e a esplodere in proteste inconcludenti quando non ne possono più, continuando a votare per bandiere o 'ideali' che non significano più nulla? O vogliono prendere in mano essi stessi la cura dei loro interessi, attraverso gli strumenti che la democrazia mette a loro disposizione, costringendo i partiti a formulare programmi precisi e facendoli responsabili della loro realizzazione?

In questo secondo caso, il loro carattere atavico non conta più nulla. Devono procurarsi le informazioni sufficienti, vagliare il pro e il contro di ogni progetto politico, effettuare calcoli prudenziali e decidersi per il partito migliore: esattamente come si fa in ogni altra seria attività della vita. Ma nessuno può fare per loro questa scelta, o dichiararla impossibile in partenza: la parola spetta agli italiani.

NICOLA ABBAGNANO, *La Stampa*

1 Riassumere il contenuto del passo in circa 150 parole.
2 Rispondere in italiano in modo esauriente alle seguenti domande:
  a Quali sono gli aspetti più importanti del 'carattere' che spesso si attribuisce agli italiani?
  b È giustificato il giudizio sulle possibilità politiche dell'Italia che è implicito in tale 'carattere'?
  c Qual è la scelta politica davanti alla quale si trovano attualmente gli italiani?
3 Spiegare in modo esauriente le seguenti frasi: far andare avanti le

pratiche; sfoghi emotivi che lasciano il tempo che trovano; decidersi a ragion veduta; sorvegliando che vada in porto; il loro carattere atavico; vagliare il pro e il contro; effettuare calcoli prudenziali.

4 Tema: Che senso ha il parlare del 'carattere' di un popolo?

15 *La pineta dannunziana*

Gabriele D'Annunzio, il quale si compiacque di una 'vita inimitabile' e propose se stesso ai contemporanei come un eroe, sarebbe probabilmente deluso di vedersi preso sul serio come testimone. Assolutamente bisogna prenderlo sul serio in quanto tale. Una rilettura dannunziana in chiave documentaria è affascinante: alcuni anni fa, quando apparve Il Piacere in edizione tascabile, non sfuggì a nessuno che quel romanzo riscopriva la Roma umbertina.

In modo analogo anche se meno diretto gli artifici dell'Alcione riscoprono la Versilia dei primi del secolo; le differenze fra quella Versilia e l'odierna sono maggiori, forse, dell'abisso che separa la Roma di Paolo VI dalla Roma di Leone XIII. Tutti conoscono il litorale della Versilia odierna, malinconica città-nastro, neon e cemento, degradazione e fragore. D'Annunzio, simile ad altri pingui borghesi di sessant'anni fa, vi trascorreva estati selvagge – in un deserto fatto di pini e di dune – ma teneva corte in una 'villa sontuosa, isolata nella foresta'.

Aveva con sé, come riferisce il suo biografo, ventitré levrieri e molti cavalli. Ospitava i figli, i quali, insieme col padre 'entravano nell'acqua trascinandosi appresso la muta e il branco, in un frastuono indiavolato di risa, di tonfi, di abbaii e di nitriti'.

Bene, D'Annunzio è morto da tanto tempo, quell'ardore e quella vanità sono vinti e non ne restano che tracce libresche. Oggi è una giornata di fine inverno; pioviggina; la città-nastro si dispiega con pienezza nel suo squallore. Rimangono ciuffi di pini moribondi qua e là tra le case; gli spalti di cemento segregano il mare.

La cosa più triste è che soltanto una foresta, ma per poco, perdura; e si tratta proprio del parco della Versiliana, la villa sontuosa della quale parla il biografo del Nostro. La villa è vasta, in realtà, ma non sontuosa: è comoda, e svela una dozzinale architettura milleottocentonovanta. Le finestre sono chiuse;

qualcuno crede di ricordare che la camera da letto del poeta fosse all'ultimo piano e guardasse verso le montagne. La foresta, quasi tutta lottizzata, è venduta o da vendere. Si estende per poco meno di cento ettari; venti ettari, quelli che cingono la villa, sono considerati 'zona di rispetto'.

La foresta è ancora bellissima: è folta di pini, e vi sono grandi ontani, olmi, platani. Gli intrichi del sottobosco serbano misteri; vi sono ancora viottoli tranquilli, ma di una tranquillità sepolcrale ormai percorsi da cacciatori frustrati. Un fosso dalle acque chiare specchia gli alberi nella dolcezza delle sue volute. In un capannone una macchina rumorosa, complicata e antiquata, provvede allo sgusciamento dei pinoli. Rumori più nefasti vengono da ruspe e autocarri: si sta procedendo a completare le vie.

Già villini sono costruiti lungo il settore nord; le piante sono state abbattute, praticelli e sentieri di pietra commemorano la foresta uccisa; i muri o le reti di cinta sembrano delimitare loculi funebri. A che varrebbe affermare la sostanziale immoralità dell'eccidio, deplorare la legge fascista del 1925 che dispose l'affrancazione da un'enfiteusi, rinfocolare le polemiche comunali e ministeriali? L'esperienza, in Italia, dimostra che le prediche più generose sono le più inutili; lo scempio si consumerà nei prossimi mesi, e della foresta rimarranno solo quei pochi ettari del 'nucleo di rispetto' che si apriranno al pubblico una sera all'anno per la cerimonia del Premio Carducci.

Corriere della Sera

1 Riassumere il contenuto del passo in circa 150 parole.
2 Rispondere in italiano in modo esauriente alle seguenti domande:
   a In che senso si può leggere D'Annunzio in chiave documentaria?
   b Dove passava le sue estati D'Annunzio e quali erano i suoi svaghi preferiti?
   c Che cosa accade oggi alla pineta dannunziana?
3 Spiegare le seguenti espressioni: Roma umbertina; città-nastro; gli spalti di cemento segregano il mare; dozzinale architettura; lottizzazione; zona di rispetto.
4 Tema: La distruzione della natura non è giustificata dalle esigenze del progresso umano.

NOTE

Enfiteusi = istituto di diritto romano, in uso in Italia fino al secolo
   scorso, per il quale si cede il diritto di uso di una proprietà per
   sempre o per un lungo periodo di tempo, a pagamento.
Premio Carducci = manifestazione, letteraria con assegnazione di premi
   da parte di una giuria di personalità.

16 *Discorsi in occasione della premiazione dei lavoratori anziani*

L'imponente complesso industriale di San Sisto con le varie fasi della produzione dei cioccolatini, dei blocchetti, e delle caramelle ad uno stadio di avanzatissima tecnica di meccanizzazione dei cicli produttivi, così come i servizi di assistenza sociale quali l'Asilo Nido, la Biblioteca Aziendale, la Mensa, ecc., hanno formato oggetto di viva attenzione ed interesse.

La Perugina, negli ultimi quindici anni, ha decuplicato la propria produzione e raggiunge oggi oltre 100,000 punti di vendita in Italia con una fitta rete di agenti e di negozi diretti in Italia. In Europa, l'Azienda ha potenziato, soprattutto nei Paesi della Comunità Europea, la propria organizzazione di distribuzione in vista delle scadenze comunitarie, ma i prodotti Perugina sono noti in almeno 80 Paesi del mondo da oltre 40 anni.

Nel suo indirizzo di saluto, il Presidente della Perugina, ha ringraziato il Ministro per la gradita e attesa visita allo stabilimento di S. Sisto ed ha trattato alcuni punti di particolare interesse. Egli ha accennato in primo luogo alla necessità di un adeguato margine di profitto per sostenere gli investimenti che, a loro volta, determinano l'espansione del reddito nazionale. In secondo luogo, alla necessità della concentrazione che si impone per porre rimedio al grado di polverizzazione impressionante che ancora affligge l'industria italiana e in particolare quella alimentare, e per poter far fronte ai crescenti impegni di ricerca e sviluppo, problema che è anche strettamente connesso al mutamento della situazione per effetto della progressiva integrazione dei mercati provocato dall'entrata in vigore del MEC.

Il gr. uff. Buitoni ha anche attirato l'attenzione del Ministro sulla grave situazione fiscale che ancora condiziona la vita dell'industria dolciaria in Italia per effetto di tassazioni sulle materie prime che, come quella sul cacao colpito da una imposizione fiscale pari a 234 volte quella del periodo prebellico, raddoppia praticamente il costo del cacao stesso. Ha rilevato altresì come alcun Paese al mondo vanti un 'primato' di questo genere che, limitando i consumi, impedisce il raggiungimento di quelle dimensioni ottimali, indispensabili per conservare e accrescere la competitività delle aziende del ramo di fronte alla fortissima concorrenza europea.

Il Presidente della Perugina ha richiesto al ministro Andreotti che gli Organi di Governo intervengano per eliminare remore ed ostacoli inconcepibili oggi che l'Italia è inserita nel novero delle Nazioni più sviluppate e che la nostra economia è inserita in un sistema di sempre più spinta competitività internazionale.

Il Ministro ha rivolto un particolare augurio e un vivo elogio agli anziani 'che riceveranno oggi – egli ha detto – il premio della loro fatica. Essi sono realmente gli artefici di questo sviluppo che si è verificato soprattutto per la viva e sincera collaborazione tra dirigenti e maestranze. L'augurio che io rivolgo alla vostra Azienda è quello di proseguire questo cammino positivo. La crescita del consumo dei vostri prodotti vuol dire aumento del livello sociale e quindi benessere dei cittadini.'

Rispondendo al gr. uff. Buitoni sulla eccessiva tassazione del cacao, il Ministro ha inoltre riconosciuto che si tratta di leggi superate in quanto i prodotti dolciari erano una volta riservati a poche categorie, mentre oggi, con il migliorato benessere sociale, il consumo del cioccolato si va estendendo a tutti i settori.

Nel rallegrarsi, infine, per la nuova fase dello sviluppo della Perugina, il ministro Andreotti ha formulato l'augurio che nella realizzazione del programma della Regione umbra, molti seguano le orme di questi validi operatori economici che con intelligenza e dinamismo sono riusciti a conseguire così importanti risultati.

Il Messaggero

1 Riassumere il contenuto del passo precedente in circa 150 parole.
2 Rispondere in italiano in modo esauriente alle seguenti domande:
   a Quali sono state le richieste contenute nel discorso del gr. uff. Buitoni?
   b Qual è la situazione dell'industria dolciaria italiana?
   c Per quali motivi un saldo mercato interno è condizione primaria per il successo dell'industria?

3 Spiegare le seguenti espressioni: avanzatissima tecnica di meccanizzazione dei cicli produttivi; in vista delle scadenze comunitarie; indirizzo di saluto; necessità di un adeguato margine di
profitto; porre rimedio al grado di polverizzazione impressionante
che ancora affligge la industria italiana; progressiva integrazione
dei mercati; situazione fiscale; dimensioni ottimali; artefici di
questo sviluppo; molti seguano le orme di questi validi operatori
economici.

4 Tema: Gli effetti sociali dell'industrializzazione.

NOTE

Gr. Uff. = Grand'Ufficiale, titolo onorario della Repubblica.

17 *L'azienda lirica*

Se non ci fosse il pubblico, addio teatro: lo Spettatore è l'uomo indispensabile allo spettacolo, dunque al formicaio della città. La sua vita si svolge, dalle 21 in poi, all'insegna di un preciso rituale. Quando varca l'uscio di casa, la sera e nel tragitto domicilio-edificio teatrale, è un personaggio autonomo; appena raggiunta la meta, si moltiplica – una specie di suddivisione dell'atomo – e diventa *pubblico*, forza collettiva. Le sue funzioni? Sedere in prima fila, naso puntato verso il proscenio. Sedere in palco, in galleria. Levitare verso il loggione, quando le tasche si fanno leggere. Lo spettatore dice: 'Accidenti ai ritardatari'; protesta, come se il teatro gli appartenesse (tutto questo presuppone una partecipazione attiva). Anzitutto restare immobili, una o due ore, quindi gridare: 'Silenzio, sssssccccc!' e infine manifestare consenso o dissenso (dissentendo si dà prove di intelligenza e di superiorità).

Intanto, dall'attrezzatissimo palcoscenico, dal golfo mistico, dal podio, è già partita la sfida: 'Ti piace?' (lo spartito) e 'Ti piaccio?' (io, l'interprete). Fra esecutore e uditore si stabilisce quindi un rapporto carnale: il primo dà, il secondo riceve; diventano indispensabili l'uno all'altro. Infatti è come il matrimonio. Quando, nella grossa pentola lirica, l'ingrediente Pubblico dà segno di vitalità, il teatro diventa un fatto sociale: finalmente ha ragione d'esistere.

Ma i giovani si sono avvicinati alla produzione lirica ad una sola condizione: che essa sia depurata da ogni residua retorica ottocentesca. Vogliono la *Traviata* senza fronzoli; il *Trovatore* senza tacchi; Leonora senza 'rubati'. Non vogliono più scoppiare a ridere nel momento in cui Azucena viene condotta al rogo. Non è per cinismo che sentono così, bensì per istinto di conservazione, forse per pudore; ed è appunto il modo più sano di rivedere una questione d'arte, e ripeto, di *stile*.

'In un Paese come il nostro, dove la storia musicale ha

47

raggiunto un alto grado di civiltà, l'indice generico dell'educazione sonora è invece molte basso'. Sì, ci sono i quattordici Conservatori: officine per la produzione di professionisti. Ci sono i Teatri dell'Opera: vecchi velieri paralizzati da una bonaccia eterna. Mancano i mezzi, manca il coraggio di rimuovere le scorie del passato. La parte retriva degli enti è lieta di stare là, immobile. Questione di strutture, forse. 'Questione di rapporti fra produttore e consumatore'. Parte del pubblico esige che il prodotto conosciuto venga servito nel modo consueto... tenace frazione di spettatori che lascia scadere l'abbonamento il giorno della propria morte e si rallegra solo di fronte al divo-del-do-di-petto. ←
Gente che dice: 'Tutto va bene purché ci sia Corelli'. Mentalità aggirata, non già estirpata.

Come si fa a distruggere, di colpo, le cattive abitudini del sottobosco lirico, tanto più che uomini ritenuti smaliziati, come ad esempio il regista Bolognini, hanno ristabilito appunto a teatro la *routine* abitudinaria, viziata ahimé, da padre in figlio, accampando il pretesto della tradizione (verdiana)? È accaduto in questi giorni, in occasione del nuovo allestimento del *Trovatore*. Ma non esiste, in musica, tradizione interpretativa che regga all'invecchiamento; ogni spettacolo dovrebbe rappresentare la sintesi dell'azione scenica e del momento della nascita dell'opera, proiettando i due ingredienti attraverso la nostra visione odierna. Tutto ciò che è statico, insomma l'abitudine, esclude il concetto di cultura e di stile implicito nella scrittura dello spartito.

Tempo Presente

1 Riassumere il contenuto del passo in circa 200 parole.
2 Rispondere in italiano in modo esauriente alle seguenti domande:
   a Come si può descrivere lo spettatore?
   b Qual è il rapporto tra pubblico e palcoscenico?
   c Qual è l'atteggiamento dei giovani verso il teatro lirico?
   d Qual è la condizione dell'educazione musicale italiana?
3 Spiegare le seguenti espressioni: il formicaio della città; all'insegna di un preciso rituale; levitare verso il loggione, quando le tasche si fanno leggere; depurata da ogni residua retorica ottocentesca; la Traviata senza fronzoli, il Trovatore senza tacchi; le scorie del

passato; bonaccia eterna; divo-del-do-di-petto; sottobosco lirico; sintesi dell'azione scenica e del momento della nascita dell'opera; stile implicito nella scrittura dello spartito.

4 Tema:

   a Dialogo sull'opera lirica tra uno spettatore progressista e uno conservatore.

   b La funzione sociale dello spettacolo.

NOTE

Rubati = termine musicale che indica tempo variato per espressione.

Corelli = tenore contemporaneo italiano.

18 *Dottrina e osservanza religiosa oggi*

Il numero di coloro che sono veri credenti per la Chiesa cattolica o per il complesso delle Chiese cristiane, l'una e le altre tendenti del resto a una nuova unione, non è altissimo, rispetto alla popolazione del globo. I cristiani aumentano; ma aumentano anche gli altri, e in proporzione maggiore. Miliardi di uomini rimangono o nascono estranei al messaggio evangelico. L'area delle missioni è sempre più ampia ed ardua.

Limitandoci qui a considerare l'area cristiana, dobbiamo distinguere coloro che credono compiutamente nel Dio della Chiesa o delle Chiese da coloro che vi credono parzialmente. Vi sono diversi modi di credere in Dio e diversi gradi di fede: è un fatto su cui occorre riflettere.

Ora si deve notare che nel tessuto generale della società cristiana, quale sorse dall'unione dei fattori ebraici, ellenici, romani, germanici, slavi, e quale è sostanzialmente rimasta, si va diradando la trama di coloro che hanno una fede integrale, totale, e va divenendo più fitta la trama di coloro che, per una ragione o per l'altra (speculazione filosofica, sperimentazione scientifica, cultura vasta ed anche profonda ma insufficiente in materia di religione), per un motivo o per l'altro (limitazione delle nascite non ammessa dai confessori, discordia coniugale giudicata insanabile, culto del piacere od edonismo), escludono dalla loro religiosità questo o quell'articolo di fede e si fanno un proprio Credo che non è certo il Credo di Trento né quello di Nicea. Costoro non devono essere considerati in nessun modo atei. Né si può affermare che la loro lacunosa fede li porterà prima o poi fatalmente all'ateismo. Nella enorme maggioranza dei casi, essi si fermano a metà strada, di dove guardano con nostalgia alla pratica della religione. Tuttavia per la Chiesa questo è uno stato molto pericoloso.

Succede anche, come è umano, patetico ed ingannevole, che i 'temporaneamente lontani' dalle pratiche religiose, quelli che sperano in impossibili decisioni del Concilio ecumenico, uomini e donne, oggi tante donne, dissimulino la loro persistente religiosità, simulino spinti dall'assillo della polemica un'irreligiosità che non sentono affatto, si dichiarino anticlericali, razionalisti, esistenzialisti, perfino anticristiani (più spesso anticattolici) e si iscrivano nei censimenti tra gli agnostici; ed arrotondino in tal modo il novero ufficiale dei non credenti. Prese in sé e per sé, le statistiche si prestano ad ogni manipolazione.

Chi si sente proprio il coraggio di asserire che ai nostri giorni l'afflato religioso non sia più che un esile soffio? Che Dio sembri meno grande di una volta o meno vicino agli uomini?

EMILIO RADIUS, *Epoca*

1 Riassumere il brano in non più di 150 parole.
2 Rispondere in italiano in modo esauriente alle seguenti domande:
   a Perché oggi ci sono nel mondo relativamente meno credenti cristiani?
   b Quali fattori e influenze portano la gente a diluire o abbandonare le pratiche religiose?
   c Quale tendenza psicologica si riscontra nelle persone in cui la religiosità è stata indebolita dal loro disaccordo con le varie dottrine?
3 Spiegare le seguenti espressioni: estranei al messaggio evangelico; il tessuto generale della società; si va diradando la trama; la loro lacunosa fede; il novero ufficiale dei non-credenti; l'afflato religioso.
4 Tema: Le ragioni per cui le pratiche religiose sono in declino.

19 *Recitare Cecov...*

Nel teatro di Cecov, si dice spesso, non accade mai nulla. In particolare nel *Giardino dei ciliegi*, che rappresentato nel 1904 pochi mesi prima della sua morte, l'autore non poté neppure vedere. Ma che nelle commedie di Cecov non capiti mai niente è soltanto una mezza verità. Per Cecov il teatro è come la vita. 'E la vita – soleva dire – è così'. Egli la porta sul palcoscenico con molta pietà e le trasfigura con pochi tocchi di poesia. Non è colpa mia, sembra dire con il vecchissimo maggiordomo nell'ultimo atto del *Giardino dei ciliegi*, se 'la vita passa ed è come se non l'avessimo vissuta'.

Anche in questa commedia, con l'irruzione così festosa della Ranievskaja, che torna alla sua campagna russa dopo le dissipazioni e le umiliazioni di Parigi, tutto è già accaduto. Ma i protagonisti non se ne sono accorti. E per i primi tre atti, parlano e discutono sulla vendita all'asta della casa e del bellissimo giardino come se non fosse chiaro, e anche giusto, che la proprietà finirà nelle mani dell'ex servo Lopachin. Nel quarto atto, dei malinconici addii, non resta che constatarlo.

Se l'intreccio è semplicissimo – la vendita del giardino con le conseguenze che essa comporta – la commedia è assai complessa e indubbiamente ardua da rappresentare. I personaggi, numerosi, non sembrano parlare tra loro, ma ciascuno con se stesso. E come avviene nella vita, non parlano continuamente, o parlano tutti insieme. Non è facile rendere sulla scena quei vuoti e quella confusione.

Come si deve recitare Cecov? Dalla prima rappresentazione al teatro d'arte di Mosca del *Gabbiano*, ancora nell'altro secolo, la domanda non ha avuto risposta. O piuttosto, ne ha avute troppe. Stanislavski e Nemirovic-Dancenko, che del teatro d'arte furono i fondatori, inventarono la famosa 'atmosfera' riempiendo e allungando i testi con arcani silenzi e insopportabili pause. E spesso contro la volontà dell'autore. I loro epigoni fecero il resto.

In una settantina d'anni, abbiamo avuto un Cecov romantico o addirittura crepuscolare, un Cecov naturalistico, un Cecov prerivoluzionario (e non mancano, anche nel *Giardino dei ciliegi*, le pezze d'appoggio in tal senso), e così via. Interpretazioni non del tutto false, ma parziali. Recentemente, è stato più persuasivo Giorgio De Lullo quando ha parlato di 'realismo poetico', offrendone subito un eccellente esempio con la regìa delle *Tre sorelle*.

La Stampa

1 Riassumere il brano in non più di 150 parole.
2 Rispondere in italiano in modo esauriente alle seguenti domande:
   a Perché è soltanto una mezza verità il dire che nel teatro di Cecov non accade mai nulla?
   b A quale ordine di difficoltà teatrali va incontro un regista del *Gardino dei ciliegi*?
   c Come si deve recitare Cecov?
3 Spiegare le seguenti espressioni: la vendita all'asta; non resta che constatarlo; allungando i testi con arcani silenzi; le pezze d'appoggio.
4 Tema: Un dialogo tra regista realista e autore romantico sul modo di recitare l'ultima opera teatrale di questi.

20 *Una diagnosi precoce per gli insufficienti mentali*

La diagnosi precoce di insufficienza mentale – in soggetti che non presentino grossolane alterazioni somatiche – è malsicura prima del secondo o terzo anno di vita.

I tests mentali, che costituiscono il principale strumento di cui si serve lo psicologo per la diagnosi dell'insufficienza mentale e la 'misura' del suo livello, hanno scarso valore predittivo nei primi due anni di vita. I così detti 'Baby tests', infatti, hanno un alto valore diagnostico in quanto permettono di valutare il livello di sviluppo 'attuale' del soggetto che si esamina, ma non permettono di prevedere con sicurezza se un deficit rilevato nei primi semestri di vita si manterrà tale o migliorerà o peggiorerà nei semestri successivi. Gli psicometristi, da qualche decina d'anni a questa parte, si sono occupati a fondo del problema attraverso complesse ricerche di tipo trasverso-longitudinale. Col metodo trasverso-longitudinale, come è noto, un gruppo di soggetti viene seguito per un certo periodo di anni: si misura ripetutamente il rendimento di ogni componente il gruppo a tests determinati e in epoche prestabilite, e si calcola, infine, il coefficiente di correlazione tra i punteggi medi ottenuti dal gruppo alle varie prove nelle diverse età. Se il coefficiente medio di correlazione è alto, significa che nel gruppo non si sono verificate modificazioni; se il coefficiente è basso significa che variazioni più o meno alte di rendimento si sono verificate tra i componenti del gruppo in esame. Ora, ricerche di questo tipo hanno dimostrato che per lo più le misurazioni del livello intellettuale eseguite specialmente nel primo anno di vita correlano bassamente con quelle eseguite negli anni successivi. Dopo il secondo anno di vita, e ancora più negli anni successivi, il valore diagnostico dei tests aumenta: all'età di quattro anni e a quella di sei, cioè all'epoca cruciale in cui iniziano, rispettivamente, le scuole materne e le elementari, i tests intellettuali, se bene graduati sulla popolazione in esame e condotti da psicologi esperti, permettono diagnosi sicure, degne di una fiducia pari a quella che godono le piú apprezzate analisi di laboratorio. A questo punto ci si può porre la domanda sulla utilità di una diagnosi precoce di insufficienza mentale. La domanda può sembrare oziosa, ma per noi, in Italia, non lo è. L'utilità di una diagnosi è correlata con le possibilità del trattamento terapeutico che la diagnosi comporta e nel campo della deficienza mentale sono troppi i casi in cui, dopo i piú accurati accertamenti del livello e del tipo di una deficienza mentale, non segue alcun provvedimento terapeutico per il minore che ha beneficiato della diagnosi. La carenza delle nostre strutture assistenziali è tale da non permettere – che in una ben misera percentuale di casi – l'avvio sistematico dei minori a Centri o Istituzioni che possano provvedere in modo adeguato ai trattamenti pedagogici o addestrativi o correlativi che il caso richiede.

GASTONE CANZIANI, *Il Mulino*

1 Riassumere il passo in circa 150 parole.
2 Rispondere in italiano in modo esauriente alle seguenti domande:
   a Che funzione hanno i 'baby tests'?
   b Quale valore diagnostico hanno tali tests?
   c Quali carenze si avvertone in Italia in questo campo?
3 Spiegare le seguenti frasi: grossolane alterazioni somatiche; scarso valore predittivo; coefficiente di correlazione tra i punteggi medi; strutture assistenziali; trattamenti pedagogici o addestrativi.
4 Tema: Come vanno affrontati i problemi posti alla società dall'insufficienza mentale?

21 *L'emigrazione interna in Italia*

Noi tutti ricordiamo la grande migrazione dal Sud verso il Nord dell'Italia, avvenuta, con particolare intensità, negli anni dal 1959 al 1964. Perciò, ciascuno di noi, alla domanda se l'Italia si meridionalizzi, risponderebbe, senza alcun dubbio, affermativamente. Ma se fosse posta un'altra domanda, relativa al diffondersi delle abitudini di vita, tutti risponderemmo che sono le nostre abitudini ad estendersi al Sud e non vice-versa. Potremmo dire, allora, che l'Italia si settentrionalizza. Le due proposizioni, apparentemente contraddittorie, risultano, in realtà, vere, quando si scenda ad una più dettagliata analisi del fenomeno.

Da uno studio, recentemente pubblicato dal prof. Mario de Vergottini, risulterebbe che, nel 1961, all'epoca del censimento, vi erano circa 1,500,000 nativi del Sud presenti nel Nord e 300,000 settentrionali nel Meridione. L'eccedenza di un milione e duecentomila meridionali, può essere oggi certamente portata ad oltre il milione e mezzo.

Dal 1871 in poi, il gruppo etnico meridionale nel proprio territorio ha avuto sempre una eccedenza di nascite su morti, più alta di quella realizzata dagli italiani in complesso; esso è, quindi, aumentato in misura relativamente maggiore ed una meridionalizzazione dell'Italia si è, perciò, in effetti verificata. Ma la differenza nell'aumento naturale (nascite meno morti) del Nord e del Sud va rapidamente attenuandosi, sicché anche il processo di meridionalizzazione etnica del nostro paese va costantemente diminuendo.

Alla meridionalizzazione dell'Italia contribuiscono sia i matrimoni che vengono celebrati nel Nord tra persone nate ambedue nel Sud sia i matrimoni misti. Pochi dati esistono in materia: per Milano si sa che il 30 per cento dei nati legittimi in anni recenti ha almeno uno dei genitori nato nel Sud. In una situazione di questo genere, quindi, si può ben ritenere che, dal punto di vista dei suoi caratteri fisici, la popolazione italiana stia diventando notevolmente mista.

Ma, dal punto di vista psicologico e sociale, il problema presenta il carattere opposto. Esiste una legge sociologica per cui la cultura superiore assorbe sempre quella inferiore. Per cultura s'intende non quella vera e propria – ch'è molto elevata nel nostro Meridione – ma il livello di vita, la ricchezza media, l'istruzione della massa, i divertimenti, le abitudini quotidiane, l'assistenza medica, l'igiene, ecc. Ora non vi è dubbio che, per tutti questi caratteri – ed ampie statistiche lo provano – , il nostro Meridione stia ampiamente avvicinandosi al Settentrione, dove tutte le citate caratteristiche sono simili a quelle esistenti nei più evoluti Stati europei ed extraeuropei.

Ciò premesso, si può ritenere che le grandi migrazioni interne italiane siano state un fenomeno ricco di preziose conseguenze per le generazioni del prossimo futuro. Dal punto di vista della mescolanza fisica, una legge genetica ha stabilito che i figli di genitori misti ereditano i caratteri migliori dei due gruppi etnici da cui i genitori stessi provengono.

Dal punto di vista psicologico e sociale il vantaggio non pare dubbio, anche perché non solo noi potremo estendere i benefici portati dalla nostra cultura più moderna alla massa degli abitanti del Sud, ma potremo assumere altre qualità che la loro cultura certamente possiede.

La Stampa

1 Riassumere il contenuto del passo in circa 150 parole.
2 Rispondere in italiano in modo esauriente alle seguenti domande:
   a In che cosa consiste il fenomeno della grande migrazione dal Sud e quali ne sono le cause?
   b Quali sono al presente le conseguenze di questo fenomeno?
   c Che cosa succede all'incontro di due culture diverse, di cui una sia più sviluppata dell'altra?
   d Che conseguenze avrà questa migrazione per le generazioni future?
3 Spiegare le seguenti espressioni: processo di meridionalizzazione etnica; eccedenza di nascite su morti; istruzione della massa; ricco di preziose conseguenze.
4 Tema: I rapporti umani sono spesso condizionati da pregiudizi.

22 *Il cambio automatico*

La introduzione, da parte della BMC, di un cambio automatico per le sue più piccole vetture, cioè la 'Mini' di 850 cmc e la '1100', fa diventare di grande attualità questo problema tecnico.

In che cosa consiste il nuovo cambio BMC? Esso è formato innanzi tutto da un 'convertitore di coppia', cioè un sistema di ruote munite di palette e giranti a bagno d'olio; questo insieme sostituisce la frizione convenzionale con un vantaggio, e cioè che una prima moltiplicazione dello sforzo del motore avviene in modo del tutto automatico; si elimina così il pedale della frizione e la relativa manovra.

Fa seguito il cambio vero e proprio, formato da un ingegnoso sistema a otto ingranaggi capace di dare i quattro rapporti in avanti e la retromarcia; ogni rapporto è ottenuto combinando il movimento o l'arresto dei vari ingranaggi per mezzo di tre freni a nastro e due frizioni, tutti azionati per mezzo dell'olio sotto pressione, lo stesso – si noti bene – che serve alla lubrificazione del motore ed a riempire il convertitore di coppia.

Al Salone di Londra, Alec Issigonis, il geniale progettista della BMC, ci ha spiegato il funzionamento e l'uso del nuovo cambio: la leva di comando, sistemata al posto della normale leva 'a cloche', si muove lungo un settore scanalato che reca delle lettere e dei numeri.

La lettera N significa 'neutrale' e serve per poter avviare il motore; tirando la leva in alto in modo da farle superare un dente, e spingendo quindi in avanti si ottiene la retromarcia (lettera R); in senso opposto si hanno i numeri dall'uno al quattro corrispondenti alle varie marce, e per ultima la lettera D ('drive') che inserisce l'automatismo. Questa combinazione di cinque posizioni della leva rende veramente eccezionale il cambio BMC, poiché permette di usarlo sia come un comune cambio a quattro marce dall'azionamento rapidissimo (perché privo del tempo morto della frizione), sia come un cambio totalmente automatico mettendo la leva in posizione D e lasciandovela sempre; in questa posizione, se la vettura è ferma, si innesta automaticamente la prima, poi un sistema di valvole spinge l'olio sotto pressione via via ai vari servocomandi della seconda, terza e quarta, in relazione alla velocità della vettura e della pressione sull'acceleratore.

In particolare si mantengono le marce basse finché il motore è sotto sforzo, come in salita o in accelerazione, e si ritorna alla terza o anche alla seconda in caso di una improvvisa accelerata, cosa che succede ad esempio per effettuare un sorpasso.

La particolare forma della scanalatura del selettore impedisce di sbagliare manovra: infatti se dalla posizione D si vuol passare al controllo manuale, un primo movimento permette di arrivare fino alla terza, che si può innestare, anche per frenare, praticamente a qualunque velocità della vettura; per passare in seconda è necessario fare un piccolo spostamento laterale, il che evita di innestare la seconda involontariamente; quanto alla prima, essa è dotata di ruota libera per evitare danni al complesso in caso venisse innestata a velocità troppo alta. La manovra è insomma facilissima, e il sistema può accontentare anche chi preferisce la guida sportiva.

GIANNI ROGLIATTI, *La Stampa*

1 Riassumere il passo in non più di 100 parole.
2 Rispondere in italiano in modo esauriente alle seguenti domande:
   a Rilevare le caratteristiche tecniche più originali del nuovo sistema di cambio automatico BMC.
   b Descrivere il nuovo sistema BMC dal punto di vista del conducente.
   c Quali sono i vantaggi per il guidatore del cambio automatico?
3 Spiegare in italiano le seguenti espressioni: di grande attualità; il tempo morto della frizione; la guida sportiva.
4 Tema: Scrivere un dialogo fra il commesso di una ditta commissionaria delle auto BMC e il cliente cui egli cerca di vendere una Mini a cambio automatico.

23 *Salse crude per gli spaghetti*

Mi davo molte arie con una ricetta di spaghetti al pomodoro crudo, che avevo pescato in viaggio per l'Italia del sud; la consideravo degna di un'altra ricetta degli spaghetti al pomodoro crudo, che mi aveva insegnato Massimo Alberini. Ma ora una coltissima amica napoletana che si diletta di cucina mi ha dimostrato che la migliore soluzione è la sua. Provo a elencarle tutte e tre, tanto si tratta di manipolazioni semplicissime.

Prima ricetta. In una zuppiera, mettete un paio di cucchiai d'olio a persona; poi, dentro pomodori maturi ma non troppo, tagliati a fette, come per una normale insalata; cipolla affettata, ma non troppo sottile, una bella presa di origano, qualche fogliolina di basilico, una spruzzata di sale e una di pepe. Niente aceto, attenzione! niente succo di limone, in questo caso. Dovete lasciar macerare la vostra insalata almeno un paio d'ore, in modo che produca un sugo abbondante, profumato, ma non acido. Al momento buono, si tolgono dal sugo i pezzi più grossi di pomodoro e di cipolla, e si versano nella zuppiera, invece, gli spaghetti al dente, bollentissimi.

Seconda ricetta, con la formula Alberini; aglio invece di cipolla. In questo caso, si passano i pomodori al frullatore, sposando la tecnica antica alla moderna, in modo che venga fuori una salsa densa, un po' come quella degli aperitivi: poi si aggiungono basilico e prezzemolo e, se non siete refrattari, uno spicchio d'aglio tritato finissimo. Cotti gli spaghetti al dente, bollentissimi, si condiscono con questa salsa, con un filo d'olio crudo, e con parmigiano grattugiato.

Terza ricetta, che mi ha fatto provare la signora Elena Cavallo. La novità principale è la mozzarella. Nella solita zuppiera si mettono un paio di cucchiai a testa di buon olio d'oliva; i pomodori passati un attimo in acqua tiepida, per poterli pelare meglio, e poi schiacciati sul fondo della stessa zuppiera, con la forchetta; una spruzzata di sale, una bella presa di origano, abbondante basilico (altra finezza: il basilico deve essere pulito senza bagnarlo, solo passando un telo sulle foglie); qualche cucchiaio di parmigiano grattugiato (quantità secondo i gusti); niente cipolla, né aglio, ma, infine, una buona mozzarella, tagliata a fettine sottilissime, nella misura di un cucchiaio a testa. Lasciate macerare questa insalata, anche la mozzarella si insaporirà. Al momento decisivo, buttate dentro gli spaghetti fumanti, rigirate un po'; la mozzarella con il calore diventerà ancora più morbida e l'insieme saporitissimo.

VINCENZO BUONASSISI, *Corriere della Sera*

1 Riassumere il contenuto del passo in circa 100 parole.
2 Rispondere in italiano in modo esauriente alle seguenti domande:
    a Quali sono le fondamentali differenze fra le tre ricette?
    b Quali ingredienti rimangono fissi in tutte e tre le ricette?
    c Quale ricetta, delle tre, preferisce e perchè?
3 Spiegare in modo esauriente le seguenti espressioni: mi davo molte arie; avevo pescato in viaggio; sposando la tecnica antica alla moderna; spaghetti cotti al dente.
4 Tema: Importanza dell'esistenza di diverse abitudini culinarie tra i vari popoli.

24 *Manie di un vecchio*

Il barone R. L. è nato a Catania sulla fine dell'Ottocento.

Ecco la sua giornata. Si alza all'alba e, <u>in punta di piedi</u>, per non svegliare la vecchia cameriera che, se lo udisse, gli strillerebbe dal suo stanzino: 'Vostra eccellenza benedica...Aspetti. Non si muova che mi sto alzando!', va in cucina, accende il fornello a gas e si prepara il caffè. Macinare, pigiare il caffè, sentire la goccia dell'acqua bollente cascare sulla fiamma, annusare l'aroma che va esplodendo insieme al vapore sono operazioni per cui egli ha bisogno della solitudine. La mancanza di presenti gliele rende prelibate. Ma quando, versato il caffè, solleva la tazza verso le labbra, una profonda serietà entra nel suo godimento. Gli occhi vanno alla porta con un'espressione di terrore e di minaccia: la solitudine è diventata come il tessuto stesso della vita: un'apparizione della serva, che la interrompesse, sarebbe per lui come una coltellata in un'arteria; il suo modo di gustare le cose, colpito in una parte estremamente intima e indifesa, verserebbe il sangue a spruzzi, a fiotti, a ruscelli. Per questo, se non è sicuro al cento per cento del sonno della serva Rosaria, va alla porta della cucina, gira due volte la chiave, si addossa al battente e, con gli occhi stralunati di chi ha l'udito tutto rivolto all'indietro, come le orecchie dei cani che sporgono la testa dalle macchine in corsa, beve piano piano il caffè e fa schioccare la lingua. Passatosi poi il dorso della destra sulle labbra, e guardata la striscia giallognola che vi è rimasta, nella quale studia quale colore debba avere il caffè quando ha un sapore ottimo, rigira la chiave, socchiude la porta, posa la tazza vuota sul tavolo di marmo e s'avvicina all'armadio fregandosi le mani con l'espressione golosa di chi s'appressa a un buffet nel quale non avrà che da scegliere. Qui raccatta dagli scaffali tutti i tozzi di pane che sono rimasti dal giorno avanti, paragonando l'uno all'altro per prendere i più duri, e tornando indietro nella sua scelta allorché un dubbio sopravviene.

v. BRANCATI, *Paolo il caldo*

1 Riassumere il contenuto del passo in circa 100 parole.
2 Rispondere in italiano in modo esauriente alle seguenti domande:
    a Perchè il barone cerca di non farsi sentire dalla serva quando si alza?
    b Che cosa fa il barone in cucina?
    c Quali sono le sensazioni del barone quando beve il suo caffè?
3 Spiegare in modo esauriente le seguenti espressioni: annusare l'aroma che va esplodendo insieme al vapore; la mancanza di presenti gliele rende prelibate; la solitudine è diventata come il tessuto stesso della vita; si addossa al battente; fa schioccare la lingua; tornando indietro nella sua scelta allorchè un dubbio sopravviene.
4 Tema: Vantaggi e svantaggi della solitudine.

25 *Le origini della poesia popolare*

La storia delle civiltà non ha uno svolgimento uniforme. Nell'ambito di una stessa nazione essa si viene infatti elaborando su piani culturali diversi, come riflesso dei diversi livelli sociali. Contro coloro che negano l'esistenza di una cultura dei ceti popolari o che, in ogni caso, pur ammettendone l'esistenza la considerano un sottoprodotto della cultura delle classi egemoniche, il Cocchiara, in quest'ultimo lavoro della sua vita operosa, sostiene non solo l'esistenza di un'autentica poesia popolare, ma mette anche in luce la stretta connessione esistente tra questa e il mondo culturale del popolo. Essa ha, dice l'autore, una sua vita autonoma e quindi non è da intendersi come 'archivio' di prodotti artistici degradati dei ceti dominanti.

Il Cocchiara perviene alla definitiva affermazione di questi concetti dopo aver affrontato quattro diversi momenti di ricerca. Nel primo sono passati in rassegna, e non in forma di compendio ma in maniera critica, le principali teorie formulate nel corso di due secoli sull'origine, il valore e le caratteristiche della poesia popolare. Quindi l'autore, convinto che non esiste un'astratta poesia popolare ma la poesia dei ceti popolari di ciascuna nazione, conduce un'analisi puntuale sulla poesia popolare italiana quale si articola nelle sue forme principali. Lo studio delle varie forme, e qui entriamo nel vivo della terza parte del libro, comporta naturalmente l'analisi degli elementi etnografici che le tipificano. Attraverso una ricca e varia esemplificazione testuale, l'autore ha così modo di farci internare nel suggestivo mondo delle credenze magiche e religiose del nostro popolo. La parte conclusiva dell'opera è molto opportunamente dedicata a fornire ai lettori non specialisti gli strumenti critici, risultanti ovviamente da una larga esemplificazione, per distinguere la vera poesia popolare da quella dialettale e dalle imitazioni e falsificazioni che spesso immettono elementi di confusione laddove vi è chiarezza.

Questo libro trae comunque la sua maggiore ragione di

attualità dal fatto che in modo organico e documentato apre per la prima volta un discorso critico sulla poesia popolare italiana, inserendola così nell'ampio contesto della storia della nostra cultura popolare.

dalla fascetta pubblicitaria di un libro di G. COCCHIARA

1 Riassumere il contenuto del passo in circa 100 parole, in inglese o in italiano.

2 Rispondere in italiano in modo esauriente alle seguenti domande:
   a Di quali strati culturali si compone la storia delle civiltà?
   b Attraverso quali stadi di ricerca l'autore giunge alle conclusioni esposte nel suo libro?
   c Quali sono le conclusioni a cui l'autore giunge?

3 Spiegare in italiano le seguenti espressioni: sottoprodotto della cultura delle classi egemoniche; archivio di prodotti artistici degradati dei ceti dominanti; esemplificazione testuale; astratta poesia popolare; ragione di attualità.

4 Tema: Ogni strato sociale contribuisce alla formazione della cultura di una nazione. Discutere.

26   *Italia da salvare e Italia da distruggere*

Il 1° maggio 1967 si è chiusa a Milano la mostra organizzata da 'Italia Nostra' l'associazione che si occupa della tutela del patrimonio artistico e naturale, e dal Touring Club, per denunciare gli attacchi che da più parti e con risultati di eccezionali dimensioni vengono portati alla natura, al paesaggio ed ai monumenti italiani.

Le 420 fotografie, selezionate su 25.000 dagli organizzatori, documentano la gravità della situazione e i fatti più pittoreschi o paradossali riportati da tutta la stampa nazionale hanno reso più pungente la polemica contro una società che per molti anni ha assistito complice o indifferente alla demolizione di monumenti e alla irreparabile manomissione di paesaggi notissimi.

Il grosso successo della mostra, testimoniato da 50.000 visitatori e da oltre 500 citazioni ed articoli su tutta la stampa nazionale, corona una delle più intelligenti battaglie condotte, dall'atto della fondazione (1955) da 'Italia Nostra': la mobilitazione dell'opinione pubblica, degli amministratori, dei politici, della stampa di ogni tendenza è un fatto acquisito e consente di impostare un lavoro più incidente e di passare da una fase nella quale l'agitazione dei problemi di tutela ambientale o artistica era affidata a pochi entusiasti ad una fase in cui tutta la cultura italiana si riconosce in questo movimento che ha assunto una dimensione che non può essere trascurata da alcuno. Non a caso l'attuale presidente di 'Italia Nostra' è Giorgio Bassani.

Il dibattito all'interno dell'associazione è sempre stato assai qualificato e le proposte di tutela e di conservazione sono state accompagnate sempre da proposte pianificatorie e legislative molto precise; ma la battaglia per la tutela, la conservazione e l'utilizzazione del nostro patrimonio artistico e naturale vinta a livello dell'opinione pubblica e in alcuni conflitti localizzati di ristrette dimensioni è ben lontana dall'essere vinta a livello operativo e legislativo.

Le deturpazioni del paesaggio, le demolizioni di architetture notevoli, gli insediamenti arbitrari nei tessuti dei centri storici continuano e costituiscono una realtà di cui non si può che tenere conto: è quindi necessario che 'Italia Nostra' fintanto che è sostenuta dalle migliaia di soci sparsi in ogni parte d'Italia prosegua in quella intransigente e cocciuta difesa di ogni testimonianza artistica o architettonica del passato e di ogni ritaglio di paesaggio che si voglia distruggere, respingendo ogni tentativo di deviazione.

Infatti proprio ora che la volgarizzazione dei problemi a livello della opinione pubblica garantisce una certa prospettiva di successo, sia pure a non breve distanza, ciò che importa è conservare tutte quelle testimonianze naturali o meno che con la sola presenza sono la condizione *sine qua non* per avviare i discorsi di più grossa portata. Successivamente, o contemporaneamente, se possibile, si parlerà di qualità, di accostamento fra antico e nuovo e di tante altre questioni di metodo sulle quali si eserciteranno anche architetti insigni latori di messaggi delle grandi proprietà, cattedratici smaniosi di notorietà e studiosi di storia patria e locale, ma fino al momento in cui dovremo contare sulla pressione dell'opinione pubblica e non su piani e su strumenti legislativi per impedire la lottizzazione di pinete e parchi nazionali c'è da augurarsi che la carica di fanatismo e il settarismo dei soci di 'Italia Nostra' non vengano a cessare: esse sono la testimonianza di un mondo vivo e colto al quale vanno la simpatia e la stima di tutti.

CARLO CAVALLOTTI, *Il Mulino*

1 Riassumere il passo in circa 200 parole.
2 Rispondere in italiano in modo esauriente alle seguenti domande:
   a A che punto è la lotta per difendere i monumenti e i paesaggi italiani?
   b Quali sarebbero le prossime fasi dalla lotta?
   c Quale sarà la tattica più opportuno nel prossimo avvenire?
3 Spiegare le seguenti espressioni: tutela del patrimonio artistico e naturale; ha assistito complice o indifferente; un fatto acquisito; assai qualificato; a livello operativo e legislativo; ogni tentativo di deviazione; i discorsi di più grossa portata; insigni latori di messaggi; cattedratici smaniosi di notorietà.
4 Tema: Quale importanze si deve dare alla conservazione della 'natura' e della 'storia'?

27 La fisica senza certezze di oggi

In una conferenza tenuta l'anno scorso alla riunione annuale degli insigniti del Premio Nobel, il fisico Max Born ha affermato: 'Io sono convinto che idee come quelle della certezza assoluta, della precisione assoluta, della verità definitiva, ecc. sono fantasmi che devono essere esclusi dalla scienza'. Queste parole non esprimono soltanto la convinzione di uno scienziato isolato: fanno il punto della situazione che si è venuta stabilendo, da vari decenni a questa parte, nel campo delle scienze fisiche.

Ma fuori di questo campo, quelle parole possono riuscire sconcertanti. Se la scienza non offre certezza, precisione e verità assoluta, in che consiste la sua superiorità sulle comuni conoscenze di cui ogni uomo dispone? E qual è il segreto dei successi incontestabili che ottiene in tutti i campi delle sue applicazioni?

Lo scetticismo di cui oggi la scienza fa mostra è in stridente contrasto con il dogmatismo di ieri. Sino ai primi decenni del nostro secolo, la scienza era sicura di possedere la chiave di tutti i segreti. Una verità scientifica era una 'verità dimostrata', cioè indubitabile e definitiva. Il fine della scienza era la scoperta delle 'leggi eterne e immutabili' del mondo. Il mondo stesso era concepito come 'un ordine necessario' in cui ogni cosa avesse il suo posto nella catena causale degli eventi. E in virtù di questa catena, ogni evento si riteneva infallibilmente prevedibile sulla base degli eventi anteriori. Così la scienza si riteneva in grado di svelare la natura dell'universo, considerato sia nella sua totalità sia nelle parti ultime che lo compongono.

Ma di queste così alte speranze, oggi non resta che il ricordo. Non che la scienza abbia subìto sconfitte che l'abbiano costretta a ripiegare su posizioni più modeste. Solo dai suoi successi, dai grandi passi che la teoria della relatività e la meccanica quantistica hanno fatto fare alla fisica, è derivata, in primo luogo a questa scienza, e poi anche alle altre, la rinuncia a ogni pretesa di assolutezza. Il concetto di probabilità ha preso in essa il posto di quello di dimostrazione. Tutto ciò che la fisica pretende oggi di fare è di poter dedurre, con l'aiuto di una teoria, dalla conoscenza dello stato presente di un sistema fisico, congetture e previsioni *probabili* circa la situazione futura dello stesso sistema.

'Probabili' significa che possono non verificarsi, per quanto nella maggior parte dei casi si verifichino: qualcosa perciò di completamente diverso da 'dimostrate'. Quanto alla realtà con cui la scienza arriva a contatto attraverso i suoi metodi sperimentali, la fisica si rifiuta di darne ogni raffigurazione o modello.

N. ABBAGNANO, La Stampa

1 Riassumere il passo in non più di 150 parole.
2 Rispondere in italiano in modo esauriente alle seguenti domande:
   a Perché le parole di Max Born possono sconcertare chi le legge?
   b Quale atteggiamento verso il mondo fisico si esprimeva nelle idee scientifiche del secolo scorso?
   c Riassumere il punto di vista del fisico contemporaneo.
3 Spiegare in italiano le seguenti espressioni: gli insigniti del Premio Nobel; fanno il punto della situazione; stridente contrasto; la chiave di tutti i segreti; la catena causale degli eventi; ripiegare su posizioni più modeste.
4 Tema: Il relativismo nella scienza.

Esco, mi muovo nel traffico minuto; non immaginavo che nelle vecchie strade vi fossero tanti magazzini: dalle cantine dei palazzi rinascimentali, escono bambole, palline verdi, rosse, gialle, abeti di plastica, carri armati, bazooka, mitra, jets in miniatura; tra la Cancelleria e il corso Vittorio, incontro babbi Natale vestiti di rosso, con la barba bianca, che, dopo avere mangiato, si sono messi la montura e ora vanno a mostrarsi ai bambini di piazza Navona.

Che confusione. E' passato quasi un trentennio da quando venni a stare a Roma, e i temi civici sono rimasti sempre gli stessi: speculazioni edilizie e immobiliari, borgate miserabili; ma la città nel suo insieme è cambiata. Forse, qualche vecchio romano è possibile trovarlo in via del Pellegrino, in via dei Banchi Vecchi e dei Banchi Nuovi; nei volti di tutti è però un che di teso, sebbene ci s'avvii verso i giorni della felice dissipazione natalizia.

A Roma c'è oggi una violenza che, rivelata dal traffico mostruoso, ha cause che non riguardano solo l'errore commesso lasciando che il centro cittadino moderno coincida con quello antico; una violenza che impedisce di ragionare, che si manifesta con scoppi d'ira, di volgarità. Roma, fino a ieri, era una follia scenografica, di calcestruzzo, pietra, marmo; oggi, una follia d'abitudini. Mentre s'avvia verso i tre milioni d'abitanti, si permette il lusso di orari spezzati, per cui la città ha quattro ore di punta: la mattina tra le sette e le nove (i romani sono mattutini), a metà giornata tra l'una e le due, nel pomeriggio tra le quattro e le cinque, la sera tra le sette e le otto e mezzo. Vanno e vengono, si coricano e si rialzano, si riempiono di cibi grevi, di vini densi, cercano uno stimolo in un numero straordinario di caffè bassi, gareggiano nei quadrilateri di scorrimento, ormai credono che la strada veloce da piazza Fiume al piazzale Flaminio sia una pista, da percorrere con odio. Non c'è scampo, la città è attraversata da cortei pontifici, presidenziali, da delegazioni straniere, poi ci sono i mutilati che assediano per alcune ore il Parlamento; corrono sui marciapiedi giovinette di colleges americani, gli impiegati statali e privati vanno e vengono, sono sempre in ritardo, ieri mangiavano alle due e mezzo ora alle tre, la sera le nove erano il limite, ora si mangia alle dieci e mezzo; si abbandona il vecchio casalingo costume europeo, a causa degli orari non ci si sincronizza col MEC: il Medio Oriente, con la vita notturna considerata non stravizio di minoranze magari intellettuali, che semmai a Roma rincasano prima di mezzanotte, ma diritto generale, debilita la città madre, diciamo così dell'Occidente. Per cui mi pare giusto che l'augurio natalizio sia che Roma torni ad agganciarsi all'Europa.

A. BENEDETTI, *Espresso*

1 Riassumere il contenuto del passo in circa 150 parole.
2 Rispondere in italiano in modo esauriente alle seguenti domande:
   a Qual è l'aspetto più appariscente di Roma?
   b Come vivono gli abitanti della Roma di oggi?
   c Che impressione generale si ricava dalla descrizione precedente?
3 Spiegare le seguenti espressioni: traffico minuto; si sono messi la montura; i temi civici; felice dissipazione natalizia; follia scenografica di calcestruzzo; orari spezzati; ore di punta; si riempiono di cibi grevi; caffè bassi; quadrilateri di scorrimento; non c'è scampo; gli impiegati statali; stravizio di minoranze magari intellettuali.
4 Tema: Le grandi capitali possiedono una fisionomia propria.

29 *Varietà della linguistica*

Collocata com'è al centro di tutte le attività umane, la lingua presenta aspetti diversi e può essere considerata da parecchi punti di vista: di qui l'origine di numerose discipline che hanno la lingua per oggetto.

La più ampia di tutte è la *filologia*: essa è stata molto variamente definita, ma oggi si dà generalmente a questo termine un significato assai comprensivo. Sono discipline filologiche tutte quelle che mirano alla conoscenza storica integrale di qualunque monumento o documento, scritto od orale. Grosso modo, insomma, la filologia viene a identificarsi con la storia delle lingue e dei dialetti e con quella delle letterature.

Tuttavia va ricordato uno almeno fra i significati più ristretti che alla parola *filologia* sono stati dati: quello di 'critica del testo' o, come oggi più comunemente si dice, di 'filologia testuale': quella disciplina che si sforza di ricostruire la precisa dicitura di un testo (di solito letterario) attraverso testimonianze dirette o indirette che ne rimangono (codici, edizioni, ecc.).

Invece nei paesi di lingua inglese, si suole chiamare *filologia* (o *filologia comparata*) quella che noi chiamiamo *glottologia* o *linguistica*.

Questa disciplina ha per oggetto lo studio scientifico delle lingue e dei dialetti, considerati nella loro struttura e nella loro storia: si potrà così avere ad esempio una *linguistica slava* o una *linguistica bantu*.

Accanto allo studio scientifico obiettivo che vuol giungere al perché dei fenomeni glottici, si ha un più modesto studio che si propone soltanto scopi descrittivi, ovvero si prefigge intenti didattici, scegliendo nella congerie dei fatti di lingua quelli che sembrano più conformi a certi ideali di gusto e prescrivendoli come norma.

La *storia della lingua* studia il sorgere e il diffondersi, nelle varie regioni, della lingua normale, parlata e scritta: espansione che si è effettuata in Italia come in altre nazioni d'Europa da un lato a spese dell'antica lingua comune scritta, il latino, nella sua fase medievale e nelle sue fasi più tarde, dall'altro a spese di dialetti meno fortunati di quello che ha trionfato. La storia della lingua cerca di delineare le fasi di queste lotte (che costituiscono la storia esterna), non meno che i mutamenti avvenuti nella lingua normale, quali li studiano la grammatica e la lessicologia storica.

Invece la *dialettologia* descrive e studia i vari dialetti e ne traccia la storia esterna ed interna.

La stessa diversità dell'oggetto preso a considerare dagli storici della lingua e dai dialettologi porta di regola con sé una notevole differenza di metodi.

Anche per i filosofi la lingua è stata ed è oggetto di studio, ma, nonostante qualche autorevole esempio contrario, non sembra lecito identificare la *filosofia della lingua* con la linguistica.

Ai confini tra l'indagine linguistica e l'indagine letteraria è la *stilistica*, e rientra piuttosto nell'una o nell'altra secondo che insista su fatti di lingua collettivi o su fenomeni caratteristici di singole opere d'arte o di singoli scrittori.

B. MIGLIORINI, *La linguistica*

1 Riassumere il contenuto del passo in circa 150 parole.
2 Rispondere in italiano in modo esauriente alle seguenti domande:
    a Perchè una lingua può essere considerata da più punti di vista?
    b Qual è la differenza fra i termini 'filologia' e 'linguistica'?
    c Perchè è socialmente importante la dialettologia?
3 Spiegare le seguenti espressioni: mirare alla conoscenza storica integrale; grosso modo; ricostruire la precisa dicitura di un testo; studio scientifico obiettivo; fenomeni glottici; congerie dei fatti di lingua; fatti di lingua collettivi.
4 Tema:
    a Gli aspetti sociali del linguaggio.
    b Quali sono i motivi che spingono allo studio delle lingue?

30 *Il moralismo delle muse inquietanti*

Diecine di migliaia di ottime persone – geometri, industriali, attrici, ciabattini, professori e militari in pensione, donne di mondo, calciatori e via dicendo – sono accorsi, in automobile, a piedi, in treno, in aereo, o su carrozzelle spinte a mano, a vedere la mostra sotto l'alto patronato della Città di Torino, organizzata dagli 'Amici torinesi dell'arte contemporanea' nella Galleria civica d'arte moderna, intitolata 'Le muse inquietanti – maestri del surrealismo' e coordinata da Luigi Carluccio, estensore anche del catalogo. Il surrealismo non fa più paura: ha perso quel carattere irritante, o stucchevole, o provocatorio, che lo faceva oggetto di una collettiva operazione di *rimozione*, analoga al mattutino dimenticare i notturni sogni dopo il fastidioso risveglio.

Il surrealismo forse all'uomo contemporaneo necessita più che piacere. Richiama: ma non avvince e non scalda. Indica: ma non giudica e non approfondisce. Elegge: ma non distribuisce né preleva. È logico attendersi da siffatta condizione – così critica, così impietosa e talora cinica – un interesse e mai un amore. Tuttavia, per i suoi caratteri dissocianti, regenti, sradicanti, violentanti, il surrealismo ha una costituzione che ogni giorno più si fa analoga a quella della vita vissuta.

Cosicché, se inizialmente le operazioni dei pre-surrealisti e dei fondatori di tale movimento sembravano staccarsi dai modelli e dai sentimenti sulla vita allora vigenti, e quindi pareva il surrealismo dissociarsi dalla vita, è oggi la vita che diventa surrealista, perdendo ogni nozione di stabilità, di congruenza, tramutandosi in gioco o meccanismo associativo, in sé stante e in sé significante. Il cuore estratto quasi palpitante da un cadavere umano, per introdurlo in chi non ha più la vita del proprio, eppure non è ancora morto, è un'operazione schiettamente surrealista. Come è surrealista la fotografia – ormai nota – del grosso cane russo, nel collo del quale è innestata la testa vivente del cane piccolo, il quale beve da una ciotola, e il liquido cade a terra non essendoci visceri. L'azione di questo secondo cane è anch'essa perfettamente surrealista.

Il pubblico accetta queste realtà – e innumerevoli altre consimili – come fatti positivi, eventi normali e normativi, provenienti da una sfera naturale. Questa assuefazione è ormai più che decennale: così la voce umana del filo telefonico o la musica proveniente dalla transistorizzazione, accalappiate e poste nei luoghi e nei momenti più incongrui, fanno ormai parte di una fenomenologia di rapporti assurdi non più discussa. Allo stesso modo, alla televisione, ogni manipolazione della immagine reale con sovrimpressioni di altre immagini al difuori delle leggi spazio-temporali, è accettata di buon grado. Ecco allora che, la vita andando verso il surrealismo, o se si vuole verso un super-realismo o anti-realismo, l'uomo comune trova oggi agevole recarsi a 'farsi inquietare' dalle muse dechirichiane o daliane. Lo stesso pubblico che ama le inquietudini e le angosce dei film dell'orrore, della violenza e della sfera fantascientifica. Il surrealismo è dunque, per questo pubblico, non un fenomeno di accertamento primario, ma una prova del nove rispetto ad altre pulsioni e ad altri sentimenti, pervenienti dalla cultura di massa. Sicché esso viene abbordato come fatto *di ricupero* e perde la carica sconcertante che gli è propria.

R. BARLETTA, Tempo Presente

1 Riassumere il contenuto del passo in circa 150 parole.
2 Rispondere in italiano in modo esauriente alle seguenti domande:
   a Che cos'è il surrealismo?
   b Quali sono le reazioni del pubblico davanti ad esso?
   c Quali motivi rendono attuale il surrealismo?
3 Spiegare in modo esauriente le seguenti espressioni: sotto l'alto patronato; estensore anche del catalogo; collettiva operazione di rimozione; il surrealismo ha una costituzione che ogni giorno più si fa analoga a quella della vita vissuta; meccanismo associativo; eventi normali e normativi; una fenomenologia di rapporti assurdi non più discussa; leggi spazio-temporali; muse dechirichiane o daliane; fenomeno di accertamento primario; una prova del nove.
4 Tema: La storicità dell'Arte.

31 *Fonti di energia*

Il bilancio energetico di quest'ultimo dopoguerra è stato caratterizzato da una continua sostituzione delle fonti di energia tradizionali con fonti economicamente piú convenienti. In primo luogo va rilevato il declino costante e con ogni probabilità irreversibile del carbone ed in genere di tutti i combustibili solidi nella copertura del fabbisogno energetico e, parallelamente, l'ascesa sempre maggiore del petrolio o, meglio, degli idrocarburi, considerando anche lo sviluppo delle disponibilità e dei consumi di gas naturale. Per dare un'idea, sia pure sommaria, dell'evoluzione subita dalla partecipazione delle fonti primarie al bilancio energetico, basti considerare che nel 1950 il petrolio e i gas naturali coprivano il 26% del fabbisogno energetico italiano, mentre oggi gli idrocarburi rappresentano oltre il 70% della domanda lorda di energia. I fattori che hanno determinato tale conversione, straordinariamente rapida e sotto diversi aspetti imprevedibile, sono molteplici; in ogni modo si può, con larga approssimazione, ricondurli a due tipi: economici e tecnologici.

Restringiamo ora il nostro campo di osservazione alla forma più largamente diffusa di energia, quella elettrica. È opinione corrente che il problema dell'approvigionamento dell'energia elettrica non sia particolarmente pressante per l'Italia date le ingenti risorse idriche di cui il nostro paese dispone. Ma, in realtà, solo il 40% dell'energia prodotta oggi è di tipo idroelettrico e tale percentuale sembra sempre piú destinata a diminuire nel tempo, cosicchè si può agevolmente prevedere che tra una diecina d'anni non supererà il 20%. Già ora, pertanto, la maggior parte dell'energia è di origine termica e il problema dell'approvigionamento di quantitativi crescenti di combustibile deve porsi fin da questo momento all'attenzione dei responsabili.

Se assumiamo per l'Italia un tasso medio annuo di incremento dei consumi di energia del 7%, il che è tutt'altro che azzardato, dobbiamo attenderci un raddoppio dei consumi ogni dieci anni:

è ragionevole pensare che tale tendenza perdurerà con lo stesso ritmo per un periodo abbastanza lungo, certamente fin oltre il 2000, prima che si possano avvertire i primi sintomi della saturazione della curva dei consumi, che si prevede caratterizzerà verso la fine di questo secolo le comunità industriali piú mature.

STEFANO LODI, *Il Mulino*

1 Riassumere il passo in circa 150 parole.
2 Rispondere in italiano in modo esauriente alle seguenti domande:
   a Qual è stato il cambiamento più importante del dopoguerra nel campo delle fonti di energia in Italia?
   b Quali previsioni si possono fare riguardo alla futura richiesta di energia in Italia e quali misure sarebbero indicate in proposito?
3 Spiegare le seguenti espressioni: bilancio energetico; copertura del fabbisogno energetico; ingenti risorse idriche; di origine termica; tutt'altro che azzardate; le comunità industriali piú mature.
4 Tema: Consumo di energia e spreco di risorse.

32 Il Problema centrale della Resistenza

Com'è noto, l'Italia si presenta nel 1943 divisa in una parte settentrionale, dove inizia la lotta armata sulle montagne, e una parte meridionale, dove l'occupazione alleata consente il rinascere dell'attività politica, incentrata evidentemente sul fondamentale e – secondo alcune parti – pregiudiziale problema della riforma istituzionale.

Il Partito Socialista e il Partito d'Azione – e naturalmente il Partito Repubblicano, che per questo volle rimanere al di fuori del CLN – posero, com'è noto, fin dal principio la pregiudiziale repubblicana.

I cattolici, invece, apparivano piuttosto tiepidi di fronte ad una soluzione immediata del problema istituzionale, di cui ancora non vedevano estremamente chiari i termini, e preferivano quindi rimandare ad un momento successivo tale soluzione.

Le simpatie monarchiche di gran parte del partito liberale sono note; e non a caso furono Benedetto Croce ed Enrico de Nicola a prospettare le due diverse soluzioni volte a salvare l'istituto monarchico: attraverso l'abdicazione di Vittorio Emanuele e la rinuncia di Umberto a favore del figlio, secondo la sottile proposta del Croce, ovvero la semplice abdicazione di Vittorio Emanuele a favore di Umberto, come voleva de Nicola.

Fino ad un certo momento – e precisamente fino all'aprile 1944 – i comunisti, guidati da Scoccimarro, furono intransigentemente contrari alla restaurazione monarchica, schierati sulla stessa linea degli altri partiti di sinistra; poi, il 27 marzo, sbarca a Napoli, proveniente da Mosca, Palmiro Togliatti che, sulla scia del riconoscimento sovietico – primo e inaspettato – del governo Badoglio, opera un repentino rovesciamento di fronte, che il quotidiano del partito illustrò chiaramente: 'La questione istituzionale è posta ed essa sarà risolta dalla volontà del popolo italiano. Ma questo non è oggi il problema centrale, e non è possibile a questo proposito prolungare ed acuire i contrasti tra le forze nazionali che vogliono combattere contro l'invasore tedesco ed il regime fascista' (p. 76).

Il problema della riforma istituzionale si collega, com'è chiaro, all'altra fondamentale questione della continuità giuridica, pur non essendovi fra l'uno e l'altra una perfetta corrispondenza, come attesta, per tutti, la diversa posizione assunta da una personalità come De Gasperi nei confronti delle due diverse questioni.

Il 'problema politico della Resistenza' fu innanzitutto un problema di scelta fra due possibili soluzioni; rottura netta e decisa con il precedente ordine giuridico-costituzionale ovvero continuità giuridica, pur nella mutata forma istituzionale.

Indubbiamente, il problema centrale della Resistenza fu nel ruolo che doveva assumere il CLN come organo di una rivoluzione democratica, perpetuantesi quindi oltre la fine della lotta armata, ovvero come organo che avrebbe esaurito la sua funzione all'indomani della liberazione nazionale.

In effetti, se la lotta di liberazione viene raffigurata come una sorta di secondo risorgimento, si può dire che anche le conseguenze dei due momenti storici non furono troppo diverse fra loro: la 'soluzione moderata' che aveva concluso le battaglie risorgimentali, si riproporrà alla fine della lotta di liberazione, configurandosi come l'ipotesi di più sicura realizzazione in un paese che usciva stremato da una lunghissima guerra e che comunque veniva a trovarsi parte – non certo inconsapevole – di un gioco internazionale fatto di equilibri e di influenze, da cui era impossibile prescindere.

D'altronde, bisogna pur dire che l'ipotesi di una rivoluzione democratica trovava ostacoli molto seri nella possibilità, certo esistente, che essa potesse assumere nel prosieguo determinate caratteristiche autoritarie, per nulla auspicabili; comunque è innegabile che le premesse di effettiva democrazia, poste durante la lotta di liberazione nazionale, per una serie di cause che non è qui il caso di sottolineare non hanno ancora trovato concreta realizzazione in uno Stato come il nostro, che trarrebbe certo grande vantaggio da una reviviscenza, anche parziale, di quella tensione morale che, in tempi non lontani, seppe trasformare gli italiani da popolo di vinti in popolo di vincitori.

FRANCESCO BARBAGALLO, *Nord e Sud*

1 Riassumere il contenuto del passo in circa 200 parole.
2 Rispondere in italiano in modo esauriente alle seguenti domande:
    a Qual era la posizione assunta dai vari gruppi politici riguardo al problema istituzionale?
    b In che cosa consisteva il dilemma che la Resistenza si trovò ad affrontare?
    c Qual era il ruolo del CLN?
    d Quali erano i maggiori ostacoli ad una rivoluzione democratica?
3 Spiegare le seguenti espressioni: problema della riforma istituzionale; la pregiudiziale repubblicana; repentino rovesciamento di fronte; ipotesi di più sicura realizzazione; da cui era impossibile prescindere.
4 Tema: La Resistenza italiana: suoi meriti e suoi limiti.

NOTE
CLN = Comitato di Liberazione Nazionale.

33 *Credo di un qualunquista*

'Il giorno che un servo m'avrà detto "gnornò" invece di "gnorsì", il giorno che i miei conigli m'avran fatto capire di non aver più soggezione di me, il giorno, chissà, che la corda del secchio mi vorrà scappare dalle mani, chissà allora che non otteniate quanto adesso chiedete invano: seppure avessi finito di scoprire tutti i miei tornaconti di non far nulla. È si o no, latino, questo? Amici cari, a governare le volontà degli altri ci si deve provare chi s'illude di reggere la propria: a indirizzare le passioni degli altri, ci s'avrebbe da mettere chi è garante almeno delle sue: amici cari, il domani d'una gente può supporre di poterlo aiutare a venir fuori, di avviarlo, solo chi si fidi d'aver imbroccato giusto il proprio passato. Invece io mi sto a grattare il capo tutto il giorno perché mi ricordo a ogni rigo di qualche vecchia disattenzione o degli inganni dove son caduto il giorno prima. Prudenza, vero: vergogna la prudenza! Ma domando io come potrei azzardare la felicità e l'infelicità d'altri uomini, che nemmeno conosco uno dietro uno, sulla punta del mio tremolante apprezzamento.

'Va da sè che questi discorsi non li starete a ripetere in Campidoglio, amici cavalieri; ma il fatto certo è che io ci cascherei, a fare il re di Roma, solo il giorno che non mi riescisse più di farlo in questa fattoria. Il che non vedo come possa accadere. Di riammogliarsi, a quest'età eccellente, non mi pare sia il caso. Girate il mondo, miei cari, e vedrete che non c'è uomo che sopporti di non farla da re su qualche proprietà terrena o fantastica: l'uomo è fatto, pei suoi peccati, a somiglianza di Giove, ridotto e imbruttito quanto sia, ma sempre re; e si porta questa bega dall'alvo materno agli Elisi: e portar se la deve. Quanto poi a farla da re vero, proprio col nome di re, uomo accorto ci deve scendere solo nel caso disperato che da sè non ci arrivi più a credere ai suoi reami diretti, e appunto voglia salvarsene almeno il nome.

'Ma io, come dico, ho i conigli e la corda del pozzo, di mio.'

A. BALDINI, *Umori di gioventù*

1 Riassumere il contenuto del passo in circa 100 parole.
2 Rispondere in italiano in modo esauriente alle seguenti domande:
   a Quale dovrebbe essere la principale caratteristica di un capo?
   b Perchè il protagonista non desidera il potere?
   c Quale descrizione fa il protagonista dell'uomo?
3 Spiegare le seguenti espressioni: 'gnornò', 'gnorsì'; aver soggezione; seppure avessi finito di scoprire tutti i miei tornaconti di
   non far nulla; E' sì o no, latino, questo?; chi si fidi di aver imbroccato giusto il proprio passato; io mi sto a grattare il capo; nemmeno
   conosco uno dietro uno; questi discorsi non li starete a ripetere in
   Campidoglio; io ci cascherei a fare il re di Roma; si porta questa
   bega dall'alvo materno agli Elisi; ma io, come dico, ho i conigli e
   la corda del pozzo, di mio.
4 Tema: Il potere è un bisogno umano, ma anche una fonte di
   pericoli.

34 *L'andamento del turismo in Italia nel 1968*

' *Moderatamente positiva*' fu definita, sulla scorta dei dati parziali dei primi otto mesi del 1968, la situazione del nostro turismo dall'allora ministro competente on. Magrì a conclusione del dibattito sul bilancio 1969 del Ministero del Turismo e Spettacolo, alla Commissione Interni della Camera. Oggi, a distanza di mesi, i dati ufficiali sin qui acquisiti – si conoscono quelli relativi ai primi dieci mesi del 1968 – consentono di mantenere sostanzialmente il medesimo prudente e realistico giudizio per l'intera annata.

Un anno, dunque, il 1968, non privo di ombre e di motivi di apprensione per il nostro turismo, come hanno riconosciuto in diverse occasioni gli stessi tre ministri che, nei dodici mesi trascorsi si sono avvicendati quali titolari del dicastero del turismo; ma, a conti fatti, moderatamente positivo, come il discorso e le cifre che seguono dimostreranno.

Cominciamo dalle ombre più evidenti, che si riferiscono prevalentemente al movimento dall'estero. All'inizio dell'anno, per un complesso di cause quali le note misure valutarie adottate da alcuni Paesi come la Gran Bretagna e gli Stati Uniti e l'appesantita congiuntura economica di taluni altri come la Germania, da cui normalmente provengono all'Italia cospicue correnti turistiche; nonché certi aspetti della situazione politica internazionale, non tali da favorire il libero esplicarsi degli scambi turistici, le previsioni erano tutt'altro che ottimistiche. Tuttavia, un po' perché forse si erano sopravalutate le cause che avrebbero dovuto influire negativamente, un po' perché devono aver funzionato le 'contromisure' attuate dalla nostra organizzazione turistica – più intensa ed appropriata propaganda, più estese ed incisive attività promozionali, più ricchi, varii e suggestivi programmi di attrattive, più organico e intelligente inserimento in tali programmi delle varie forme di spettacolo, più attenta vigilanza sui servizi e sulle prestazioni turistiche –; e molto, infine, perché per i popoli tradizionalmente legati da profondi vincoli turistici con l'Italia è assai difficile, giunto il tempo delle vacanze, resistere al richiamo di un viaggio nel nostro Paese, tali pessimistiche previsioni sono state in buona misura smentite dai fatti.

Le note meno positive riguardano il movimento dei turisti stranieri negli esercizi alberghieri, dove sia gli arrivi che le presenze denunciano tassi negativi, anche se di valore attenuato rispetto a quelli accertati nel 1967 (un'altra prova della sensibilissima incidenza, sul volume dei passaggi di frontiera, degli escursionisti).

Tutto sommato, dunque, si può dire che l'andamento del turismo estero nel 1968, pur influenzato dalla situazione instabile del mercato internazionale e pur mettendo in evidenza alcune ombre che rendono non del tutto tranquillizzante il quadro della domanda, è stato meno negativo di quanto si aveva motivo di prevedere e temere.

Vita Italiana

1 Riassumere il contenuto del passo in circa 100 parole.
2 Rispondere in italiano in modo esauriente alle seguenti domande:
   a In che senso può essere considerata positiva la situazione del turismo in Italia?
   b Quali circostanze hanno determinato le flessioni riscontrate?
   c Quali motivi hanno in parte neutralizzato gli effetti negativi?
3 Spiegare le seguenti espressioni: sulla scorta dei dati parziali; l'allora Ministro competente; si sono avvicendati quali titolari del dicastero del turismo; note misure valutarie; appesantita congiuntura economica; estese ed incisive attività promozionali; rendono non del tutto tranquillizzante il quadro della domanda.
4 Tema: Il turismo come mezzo di sviluppo sociale.

35 *I rischi delle ingerenze nell'università*

Gli stanziamenti del ministero della Difesa per la voce 'ricerca scientifica e tecnologica' sono stati nel 1968 di circa 9 miliardi e mezzo e la stessa cifra è iscritta nel bilancio di previsione per l'anno in corso. Le spese maggiori riguardano la fisica e la chimica nucleare (2 miliardi) e la realizzazione di prototipi di nuovi missili idonei anche alla ricerca scientifica nella stratosfera (2 miliardi). Scorrendo le varie voci che vanno dalle scienze matematiche, alla chimica, alla biologia e alla medicina, si ha l'impressione di un estremo frazionamento degli impegni e della mancanza in molti casi di precisi e giustificati programmi, in linea, potremmo dire, con il resto della scienza italiana. La maggior parte delle ricerche di cui parliamo son condotte dagli stessi organi del ministero della Difesa e solo in alcuni casi in collaborazione con altre istituzioni scientifiche. A volte, esse vengono attuate in collegamento con università; esiste per esempio una convenzione tra il ministero della Difesa e l'università di Roma per il funzionamento del Centro ricerche aerospaziali, per la somma complessiva, nel 1967, di 240 milioni. Non è gran che. Ma, anche se le cifre per programmi di interesse militare affidate alle università sono relativamente modeste, occorrerà valutare bene i rischi di un rafforzamento di questi rapporti e di una loro estensione a un maggior numero di atenei e ad altri settori della ricerca. La situazione esistente, in questo particolare settore, negli Stati Uniti può offrire qualche insegnamento: l'intrecciarsi di sempre più stretti legami tra il dipartimento della Difesa e le università in materia di ricerca scientifica s'è risolto in una progressiva perdita d'autonomia per la ricerca scientifica. Un simile intervento militare condiziona ampiamente le scelte scientifiche di fondo e sottrae numerosi professori all'insegnamento. Le proteste avanzate dagli studenti e da numerosi ricercatori avevano convinto negli scorsi anni alcuni consigli d'amministrazione di università americane a rifiutare i finanziamenti del Pentagono ma la reazione del governo è stata immediata e dura: lo Stato avrebbe troncato a sua volta qualsiasi altro tipo di finanziamento. Tornare indietro sarà perciò assai difficile.

La discussione di questi problemi negli Stati Uniti e in altri paesi è all'ordine del giorno. Da noi se ne sottovaluta l'importanza, anche se il movimento studentesco, in alcuni casi confusamente, cerca di imporli all'attenzione del mondo scientifico e dell'opinione pubblica.

Molti, anche tra gli scienziati, ritengono che bisogna fare una distinzione tra l'appoggio scientifico ad una politica aggressiva e quello ad una politica difensiva, e che comunque qualche compromesso è necessario pur di assicurare alla ricerca i fondi necessari al suo sviluppo.

Esiste certamente il rischio che cercando di tenere l'università al di fuori di pesanti controlli economici e militari si finisca per far dirottare i finanziamenti dello Stato verso altre organizzazioni scientifiche, privando di fatto gli atenei del loro primo compito istituzionale che è la ricerca.

L'altro rischio è però certamente più grande e pericoloso ed accettarlo non contribuisce certo a risolvere uno dei problemi più pressanti della nostra società: l'autonomia delle strutture scientifiche e un'utilizzazione più umana e razionale delle conquiste della scienza.

GIORGIO TECCE, *Espresso*

1 Riassumere il contenuto del passo in circa 150 parole.
2 Rispondere in italiano in modo esauriente alle seguenti domande:
    a Quale impressione si ottiene del controllo degli stanziamenti del Ministero della Difesa per la ricerca scientifica?
    b Quali pericoli presentano i legami tra università e il Ministero della Difesa?
    c Quali sono i rapporti tra università e il Ministero della Difesa in Italia?
3 Spiegare in modo esauriente le seguenti espressioni: gli stanziamenti del Ministero della Difesa; iscritta nel bilancio di previsione; si ha l'impressione di un estremo frazionamento degli impegni; occorrerà valutare bene i rischi; condiziona ampiamente le scelte scientifiche di fondo; bisogna fare una distinzione tra l'appoggio

scientifico ad una politica aggressiva e quello ad una politica difensiva; tenere l'Università al di fuori di pesanti controlli economici; far dirottare i finanziamenti dello Stato; compito istituzionale.

4 Tema: Il dilemma degli scienziati nel mondo d'oggi.

36 *Le macchine 'pensanti'*

Esistono, certamente, limiti teorici dei poteri delle macchine, e il limite fondamentale è quello stabilito dalla teoria logica delle matematiche, secondo la quale in ogni linguaggio logicamente organizzato vi sono enunciati che non possono essere né provati né confutati nell'ambito del linguaggio stesso.

Il cervello umano può trovare un nuovo linguaggio in cui sia possibile la prova o la confutazione di quegli enunciati; la macchina non può farlo, quindi, in presenza di domande che si riferiscano a enunciati di quel tipo, o non risponde o dà risposte errate.

Questo limite è communemente ammesso dagli scienziati cibernetici che, per il resto, sono molto ottimisti sui poteri eventuali delle macchine. Essi parlano, oltre che di macchine logiche e calcolatrici, di 'macchine che giocano', 'macchine che imparano' e 'macchine che si riproducono'. E, conseguentemente, considerano con un certo disdegno le obiezioni che il senso comune, i teologi e i filosofi, rivolgono alla possibilità di queste prospettive sull'avvenire delle macchine.

Tutto ciò che si può dire in favore di una distinzione tra la macchina e l'uomo è che la macchina dev'essere *nutrita* dall'uomo, non solo per ciò che riguarda le informazioni ma anche per ciò che riguarda le *regole* in base alle quali essa deve elaborare le informazioni medesime. Regole e informazioni devono dunque essere già in possesso dell'uomo; e se si pensa che possono essere date alla macchina da un'altra macchina e a questa da un'altra ancora, si arriverà sempre, infine, alla fonte, che è l'uomo.

Questa considerazione non basterà certo a scoraggiare gli ideatori e i costruttori di macchine pensanti, ed è bene che sia così; ma basta forse a far tacere l'orgoglio offeso del re dell'universo. E, si può aggiungere, l'uomo è sempre alle prese con il 'problema dell'uomo', cioè con il problema di *scegliere* la sua vita, di autoprogettarsi; mentre è difficile che la macchina possa mai proporsi, in questo senso, 'il problema della macchina'. O in altri termini: macchine pensanti, sì; macchine filosofanti, no.

NICOLA ABBAGNANO, *La Stampa*

1   Riassumere il brano in non più di 100 parole.
2   Rispondere in italiano in modo esauriente alle seguenti domande:
    a Quale caratteristica delle lingue pone un limite al potere delle macchine calcolatrici?
    b Qual è la differenza basilare tra uomo e macchina calcolatrice in materia di lingue?
    c Perché sono impossibili le 'macchine filosofanti'?
3   Spiegare in italiano le seguenti espressioni: nell'ambito del linguaggio stesso; i poteri eventuali delle macchine; l'orgoglio offeso del re dell'universo; autoprogettarsi.
4   Tema: Scrivere un dialogo tra un teologo ed uno scienziato cibernetico che discutono del ruolo che avranno le macchine pensanti nell'avvenire dell'uomo.

37 *Critica cinematografica e cultura*

Di fronte alla prospettiva di un incontro sulla critica cinematografica, sembra di essere come quel personaggio della *Speculazione edilizia*, che sapeva già tutto a memoria del paesaggio della sua riviera; sicché i suoi tentativi di fare nuove scoperte si riducevano, inevitabilmente, ad una 'verifica di osservazioni, sempre le stesse'.

Questo è il rischio che corriamo. Voglio dire che se non uscissimo dall'ovvio, dall'assodato e dal consolidato del fideismo professionale, pesteremmo la solita acqua nel solito mortaio. E, infatti, sul piano dell'esercizio della nostra disciplina, sappiamo tutto, almeno tra di noi; potremmo fare una rapida 'verifica di osservazioni': conosciamo la storia del cinema e della critica cinematografica, i problemi di metodo critico, le teoriche sul cinema e le poetiche degli autori, le strutture economiche, la legislazione; si vivono giorno per giorno i rapporti con gli autori, con i lettori, con i giornali che ci ospitano; siamo perfino unanimi sulle ovvietà: la libertà espressiva degli autori rispetto alle pressioni commerciali, o le mozioni contro la censura; sappiamo, anche, ciò che ci divide, ed il solco è profondo. Comunque, sappiamo tutto sul piano generale, anche l'uso di vecchi moralismi. In particolare, poi, nell'ambito specifico dei *perché*, dei *come*, dei *dove* circa la funzione della critica cinematografica, non abbiamo dubbi, appoggiandoci ai saldi pilastri della saggezza che sorreggono il nostro tempio. Ad esempio, se ci si chiede: *perché* la critica cinematografica, qual è la sua funzione? abbiamo risposte pronte, vuoi di 'servizio', vuoi di 'autonomia'; per la prima, si tratterebbe di una funzione di mediazione tra autori e pubblico, resa indispensabile dall'impreparazione dello spettatore medio all'apprezzamento di quelli che – a seconda delle posizioni – sono: il cosiddetto 'messaggio' del film, o suoi valori linguistici, o il suo grado di artisticità, o la sua morale etc.; per la seconda, la critica cinematografica non si differenzierebbe dalla poesia, e sarebbe autonoma, libera di spaziare tra i verdi pascoli; ovviamente, esistono anche risposte di conciliazione tra l'una e l'altra posizione, non siamo mica nati ieri, e un'intera cultura ci suggerisce le repliche piú appropriate, piú elaborate, piú raffinate nei labirinto dei distinguo. *Come*, la critica cinematografica? Anche questo interrogativo non ha segreti: possiamo scegliere tra il critico 'terribilista', alla Papini, il critico lirico, il critico che parla d'altro, il critico giudice, il critico papà, il critico acritico, il critico aggettivante, il critico apodittico, il critico in crisi perenne, e la giaculatoria potrebbe continuare per un bel pezzo. Sul *dove*, poi, siamo capaci di scrivere un trattato irto di equilibrismi sul filo tagliente delle distinzioni tra ricerca pura e divulgazione: a seconda che si eserciti sulle pagine di un quotidiano di informazioni o di partito, del mattino, della sera o del pomeriggio, del nord o del sud; su riviste per tutti, per famiglie, per donne, per uomini, per cazzabubboli, per bambini; per pubblicazioni di alta, media, sotto cultura; o attraverso la radio o la televisione, nel cui grembo gelatinoso rinascono tutti i problematici 'homunculi' della critica.

Insomma, una 'verifica di osservazioni' ci conferma e ratifica la nostra onniscienza, o, se si vuole, la condizione camaleontica del critico cinematografico. Sappiamo tutto. Ma è molto piú esatta una proposizione consecutiva che affermi: siamo stati tanto perfettamente ammaestrati che ci sembra di sapere tutto.

F. M. DE SANCTIS, Belfagor

1 Riassumere il contenuto del passo in circa 150 parole.
2 Rispondere in italiano in modo esauriente alle seguenti domande:
   a Quale rischio si corre se non si cerca di guardare con occhi nuovi alla critica cinematografica?
   b Quali sono le scontate risposte abituali al perchè e alla funzione della critica cinematografica?
   c Quali tipi di critici ci sono? Spiegare i vari tipi.
3 Spiegare in modo esauriente le seguenti espressioni; fideismo professionale; pestare la solita acqua nel mortaio; i saldi pilastri della saggezza che sorreggono il nostro tempio; la critica cinematografica sarebbe libera di spaziare tra i verdi pascoli; il labirinto

dei distinguo; irto di equilibrismi sul filo tagliente delle distinzioni; nel grembo gelatinoso della TV; la condizione camaleontica.

4   Tema: Commentare criticamente un film veduto di recente.

NOTE
Cazzabubboli = sciocchi.
G. Papini, romanziere e critico, specialista in 'stroncature'.

38 *Contro l'entusiasmo nell'apprezzare l'arte*

La vecchia teoria pedagogica del *delectare docendo* oggi si è tramutata e trasfigurata in una teoria storiografica: l'arte che rivive nella critica, pur *senza discorso*, perché ciascun lettore, anche il più innocente, è sempre un compendio implicito non solo di critica ma anche di estetica; e senza quel lume non naturale ma riflesso, che ciascuno di noi porta nella sua mente, *nemmeno l'arte potrebbe essere gustata e discriminata*. Sicché quelli che si vantano di volere essere soltanto lettori di *gusto o di sensibilità*, non sanno, uomini idioti e senza lettere, di ripetere troppo triti aforismi della scienza estetica del Seicento, e che già allora avevano un significato più profondo di quello che in loro non abbiano: perché il *gusto*, allora, si contrapponeva all'*intelletto astratto* ed era sinonimo di giudizio critico, così come *ingegno o genio* voleva essere sinonimo di invenzione artistica o poetica. Ciò che spiega perché oggi si insiste nel dire che *gusto e sensibilità* son sempre *gusto e sensibilità storica*, e non c'è un gusto e una sensibilità che voglia e sappia contrarsi e limitarsi a essere una virtù misteriosa, un dono degli Dei, un estatico punto esclamativo della mente tutta gravida di sé, senza accoglimenti di semina storica.

Quando vado ad ascoltar musica, e vedo i miei vicini che manifestano ingenuamente un delirio estetico, io non nego la sincerità e la necessità di quel delirio, a cui io stesso nel mio interno posso partecipare, ma mi mostro diffidente sulla natura di esso: il gusto e la sensibilità, come sono comunemente intesi, sono ancora *passionalismo, sensualismo, edonistica, godimento del sangue e dei nervi*. E anche i serpenti, come è noto, nel sentir musica allungano il collo e si incantano. C'è un termine ulteriore di godimento, che è soltanto raggiunto dagli intenditori tecnici di musica e che è *godimento mentale*, e a cui io mi cruccio di non arrivare, per difetto di preparazione a paragone della mia educazione letteraria. Però dissimulo, per quel che è possibile, il mio sentire musicale, come una forma inferiore e incompiuta di vivere del mio spirito: quella forma inferiore e incompiuta che fa la felicità del mio vicino e che lo induce a ditirambiche effusioni e a un tripudio di battimani, e a credersi per ciò appunto uno spirito sensibilissimo e un intenditore. E non è vero.

LUIGI RUSSO, *La critica letteraria contemporanea*

1 Riassumere il contenuto del passo in non più di 100 parole.
2 Rispondere in italiano in modo esauriente alle seguenti domande:
   a Che cosa si intende per teoria storiografica?
   b Che cosa si intende invece per teoria pedagogica?
   c Perchè l'Autore è diffidente riguardo alle aperte manifestazioni di 'delirio estetico'?
3 Spiegare le seguenti espressioni: senza discorso; uomini senza lettere; sinonimo di giudizio critico; senza accorgimenti di semina storica; un termine ulteriore di godimento; intenditori tecnici di musica; il mio sentire musicale; ditirambiche effusioni e tripudio di battimani.
4 Tema: Lo sviluppo della critica nel corso dei secoli.

39 *Senso fondamentale della critica*

In una considerazione della critica quale operazione interamente individuale ed astorica (e al fondo c'è pure un legame fra una simile considerazione della critica e una concezione della poesia come astorica e unicamente indagabile nel testo e nello stile) sarebbe anche inutile lusso di informazione inessenziale la storia della critica. Che invece, se rettamente intesa e utilizzata, ben rientra fra gli strumenti e gli elementi storicistici di una interpretazione storico-critica tesa a rifiutare ogni accostamento impressionistico e non perciò a mortificare l'iniziativa e la freschezza personale di un critico, tanto più avvalorate e rese sicure della loro originalità quanto più esercitate e provvedute di strumenti e disposizioni euristiche, di consapevolezza della complessità e serietà culturale dell'attività critica.

Certo nello sviluppo più recente di tale studio e nella sua eccessiva proliferazione si può avvertire il pericolo di esercitazioni scolastiche fini a se stesse.

Ma l'impiego di questo strumento storico-critico rivela la sua validità non solo in quanto risponde ad una esigenza di piena conoscenza del lavoro critico precedente – con l'eliminazione di inutili 'nuove scoperte dell'America', e con l'offerta stimolante di spunti critici spesso annidati in giudizi minori o meno noti, a volte sommersi dalle onde più potenti del gusto da cui essi discordavano – ma in quanto situa la nuova iniziativa interpretativa entro una prospettiva problematica già aperta, entro una storia critica già in atto.

E così rafforza nel critico la responsabilità del suo lavoro come collaborazione all'ulteriore affermazione del valore artistico e della sua vita attuale nella continuità della sua vita critica precedente, e come opposizione ad ogni forma di accostamento impressionistico e degustativo dell'opera d'arte quale oggetto immobile e astorico sia nella sua nascita sia nella prosecuzione della sua vita e nei modi con cui successivamente l'opera d'arte è state intesa e valutata, e ha provocato tensione poetica e critica, ha suscitato discussioni e problemi di gusto, di ideologie e di cultura.

Su di un piano generale l'esercizio della storia della critica rinsalda dunque nel critico la sua coscienza storicistica e un senso robusto della storicità della critica ben lontano dalla esasperante impressione della trottola del gusto e dalla illusione della formula insuperabile, in quanto mostra le ragioni profonde dello svolgimento e cambiamento dei giudizi, la loro non casualità e il loro fecondo margine di approssimazione in assoluto in una storia che non conosce mai l'ultima parola, pena la morte dogmatica e scolastica.

E insieme riconduce – attraverso l'esperienza della vita di un problema critico che ha implicato motivazioni culturali, ideologiche e sin politiche delle diverse posizioni critiche – a tanto più sentire i rapporti che legano la critica e la storiografia letteraria a tutta la cultura e la storia, e i rapporti che a queste legano la stessa attività artistica che nel suo corrispettivo critico tali problemi ha suscitato e richiesto: sicché la storia della critica si mostra parte effettiva della storia della cultura pur con i suoi problemi specifici e tecnici.

W. BINNI

1   Riassumere il contenuto del passo in circa 150 parole.
2   Rispondere in italiano in modo esauriente alle seguenti domande:
    a   Come deve essere intesa ed utilizzata la storia della critica?
    b   Quali effetti (la storia della critica) opera in chi la esercita?
    c   Quali pericoli essa presenta?
3   Spiegare le seguenti espressioni: teso a rifiutare ogni accostamento impressionistico; provvedute di strumenti e disposizioni euristiche; esercitazioni scolastiche fini a se stesse; inutili 'nuove scoperte dell'America'; prospettiva problematica già aperta; esasperante impressione della trottola del gusto; illusione della formula insuperabile; il loro secondo margine di approssimazione in assoluto.
4   Tema: La funzione del critico nell'Arte.

40 *Linguaggio esoterico politico*

L'uomo, via via che s'evolve, arricchisce il suo vocabolario, si mette in grado di manifestare meglio il suo pensiero. Il linguaggio perciò è anche civiltà. Poiché in questo momento le scienze e le tecniche stanno cambiando la faccia della terra, sempre più siamo portati a esprimerci con un linguaggio che riflette il distacco e il razionalismo tecnico-scientifico. Lo fanno anche gli uomini politici. Per esempio, invece di dire che un parlamentare o un partito mette le mani sul pubblico denaro, preferiscono parlare di 'monetizzazione del potere politico'.

Poiché la lotta politica in Italia sta diventando sempre più una competizione di tecnici che si parlano con un linguaggio chiuso, allusivo, difficile, e siccome anche le parole più semplici non si sa più che cosa vogliono dire, l'opinione pubblica è confusa, tende a distaccarsi dalla politica. E' un'irritazione o un'indifferenza di cui molti osservatori si sbrigano frettolosamente definendola 'qualunquistica', senza peraltro starsi a domandare di chi è la colpa, se del pubblico o della classe politica.

Un fatto è sicuro: che per questa strada non si rende più matura la coscienza politica degli italiani. Ricordiamoci che oggi non esiste più una distinzione netta tra politica ed economia: si condizionano a vicenda, quasi sempre una crisi economica apre la strada a crisi di governo, e viceversa. Perciò, la politica in definitiva incide nella nostra vita quotidiana.

E' dunque nell'interesse di tutti rendere più matura la coscienza politica degli italiani. Per cominciare, gli uomini politici dovrebbero domandarsi come mai su cento italiani se ne trovano sì e no una decina che sanno distinguere tra la carica di Presidente della Repubblica e quella di Presidente del Consiglio dei ministri. Le percentuali diventano persino più basse se si domanda che differenza passa tra un progetto di legge a la legge, o per cose appena un po' difficili ma che incontriamo ogni momento sui giornali, alla radio e alla tv. /

Il diffuso analfabetismo di ieri e la dittatura ventennale possono essere una spiegazione per quanto riguarda l'ignoranza politica degli anziani, ma ben diverso è il discorso che si deve fare per gli altri, gli italiani giovani o di mezza età: anche quando hanno frequentato le scuole medie. I programmi scolastici obbligano gli alunni a sapere moltissime cose (anche di natura politica) su avvenimenti accaduti due o tremila anni fa nella Grecia o nell'Egitto, ma sono estremamente reticenti sui fatti accaduti in Italia negli ultimi due o tre decenni. Fascismo e antifascismo sono quasi ignorati. L'educazione civica è un mozzicone di materia; nozioni da imparare e da dimenticare alla svelta.

Come sempre, come dappertutto, dall'ignoranza nascono l'inerzia, il disinteresse, anche un senso di fastidio. Se così basso è il terreno su cui si muove in genere l'opinione pubblica, da parte loro i nostri uomini politici sono propensi a chiudersi in un loro olimpo orgoglioso e inaccessibile tra nuvole di concetti e di parole che la gente comune non intende e sempre meno è disposta ad ascoltare: non capisce e non si fida.

Naturalmente è augurabile che qualche cosa cominci a cambiare. Non vediamo come o quando ciò potrà avvenire, ma dobbiamo trovare una nuova strada sulla quale avviarci se vogliamo dare alla democrazia del nostro paese un impianto popolare e perciò più robusto di quello attuale.

Il Tempo

1 Riassumere il contenuto del passo in non più di 150 parole.
2 Rispondere in italiano in modo esauriente alle seguenti domande:
   a Qual è l'effetto dell'evoluzione sul linguaggio in generale e su quello degli uomini politici in particolare?
   b Qual è la reazione dell'uomo della strada al linguaggio dei politici?
   c Quali sono le cause della diffusa ignoranza politica e quali gli effetti?
3 Spiegare in italiano le seguenti espressioni: si condizionano a vicenda; estremamente reticenti; l'educazione civica è un mozzicone di materia; propensi a chiudersi in un olimpo; impianto popolare.

4 Tema:
   a I rapporti tra gli uomini politici e il cittadino.
   b Scrivere un dialogo tra due cittadini medi che discutono degli ultimi avvenimenti politici.

NOTE

Qualunquismo = movimento politico fondato da G. Giannini (umorista-commediografo) nel 1945, con lo scopo di difendere i diritti del cittadino medio. Esso affermava che lo Stato più rispondente ai diritti del cittadino è uno Stato amministrativo e non politico. Il movimento ebbe anche un proprio giornale, chiamato 'L'uomo qualunque'. Il termine è poi passato a indicare, in senso dispregiativo, un atteggiamento di disinteresse verso le ideologie politiche. Il qualunquismo era di tendenza neo-fascista.

41 *Il saluto del Presidente Saragat*

Cari concittadini, una consuetudine, ormai consolidata dagli anni e favorita dalla vostra benevolenza, mi riconduce dinanzi a voi per porgervi i migliori auguri e per intrattenervi brevemente sul senso degli eventi dell'anno che finisce e sulle prospettive dell'anno che ha inizio.

L'anno che finisce lascia per tutti i Paesi pesanti ipoteche a quello che sorge, ma lascia anche una proficua eredità di maggiori esperienze e di maggiori conquiste. Le ipoteche più gravi sono rappresentate dalle guerre in corso o covanti sotto la cenere, dalle carestie, dalle dittature e dalla invasione di una nazione europea. Stando a questi eventi, si dovrebbe concludere che il mondo fa dei passi indietro invece di procedere innanzi sulla via della libertà, della giustizia e della pace.

Eppure non è così. Le reazioni che tali fatti violenti e luttuosi hanno provocato e provocano in tutti i paesi hanno assunto un'intensità senza precedenti nella storia del mondo, una vastità tale da lasciar sperare nell'avvento di una più alta ed operante coscienza universale. Il progresso morale dell'umanità, unito alla consapevolezza della terrificante potenza delle armi nucleari, costituisce un freno salutare alle imprese violente e consiglia tutti alla prudenza e alla ricerca delle vie di una coesistenza pacifica e di una progressiva distensione. Ecco perché, pur tra difficoltà di ogni genere, si sta formando una morale internazionale più aderente ai principii della Carta delle Nazioni Unite e ai diritti naturali dello uomo, alla cui affermazione l'istinto profondo dei popoli sente che è legata la comune sopravvivenza.

E' su questa strada che cammina l'Italia, la cui indipendenza è garantita dalle nostre forze armate, nell'ambito del patto difensivo atlantico, assicurando così maggior respiro alla naturale vocazione di distensione e di pace della nostra Patria. E' su questa strada che l'Italia si impegna semprepiù per il rafforzamento e lo sviluppo della Comunità Economica Europea e per la sua estensione alla nobile nazione britannica e ad altri paesi ai quali si sente unita, oltre che da interessi economici, da vincoli di comune civiltà.

Direi che questa è l'eredità più preziosa che il 1968 lega al 1969, pur sullo sfondo di una agitazione giovanile che, al di là delle esuberanze comprensibili e delle intemperanze e speculazioni che su quella agitazione si innestano per corromperla, sottolinea l'aspirazione ad un mondo in cui il divario tra i principii di libertà, di giustizia e di pace, da tutti affermati a parole, e da non pochi calpestati nei fatti, sia denunciato e cancellato.

Vita Italiana

1 Riassumere il contenuto del passo in circa 150 parole.
2 Rispondere in italiano in modo esauriente alle seguenti domande:
    a Qual è lo scopo del discorso del Presidente?
    b Qual è il consuntivo dell'anno che finisce?
    c Quali sono le speranze per l'anno che inizia?
3 Spiegare in modo esauriente le seguenti espressioni: senso degli eventi; pesanti ipoteche; covanti sotto la cenere; una più alta e operante coscienza universale; più aderente ai principii; nell'ambito del patto difensivo atlantico; assicurando così maggior respiro alla naturale vocazione di distensione e di pace; vincoli di comune civiltà; al di là delle esuberanze comprensibili; speculazioni che su quella agitazione si innestano per corromperla.
4 Tema: La figura del Presidente nelle repubbliche presidenziali e in quelle parlamentari.

42 *Le autonomie e lo Stato*

Dello Stato italiano, della Repubblica come è uscita dalla Carta costituzionale del 1948, si dice correttamente che è *parlamentare*. Sappiamo tuttavia, grazie alla critica delle istituzioni e all'esperienza nostra, quali limitati poteri reali spettino alle Camere elettive, quanto povere siano le possibilità di controllo democratico sull'esecutivo. Pubblicisti e politici hanno vigorosamente dimostrato, nelgi ultimi anni, le ingerenze del sottogoverno, la strapotenza di gruppi economici costituiti, l'immutabile conservatorismo dell'apparato burocratico centrale, i metodi della classe dominante per la formazione della pubblica opinione; e questa stessa rivista vi è tornata piú volte.

Il processo di crescente ingerenza dello Stato in tutti i settori della vita sociale, di accentramento dei poteri e delle responsabilità, è strettamente connesso alla dinamica dell'economia e della società del mondo contemporaneo tutt'intero. Ma in Italia esso ha sempre avuto, fin dal giorno dell'unità nazionale, forme particolarmente retrive, ed ha comportato ricorrenti tentazioni antidemocratiche, perché si svolgeva su di un tessuto civile poco evoluto, e minato da seri squilibri interni. Così, se per l'America parliamo ancora di *élites*, qui forse conviene lasciare cadere un termine tanto impegnativo e indicare gli alti funzionari o i prefetti, secondo l'immagine un po' primitiva della Monarchia merovingia, come i 'maestri di palazzo' dei nostri giorni. Poiché di fronte a questi 'maestri di palazzo', in gran parte anonimi, che regolano per gran parte la vita effettiva del paese ed hanno in mano le grandi decisioni, le istituzioni e direzioni politiche finiscono per conservare funzioni più che altro 'di facciata'. Le forme di controllo, che in tali istituzioni dovrebbero garantirsi alle minoranze ed alla pubblica opinione, si riducono quasi a nulla. Chi non è integrato, non è *dentro* al palazzo si trova privo persino degli elementi di conoscenza intorno ai dati fondamentali, sui quali vorrebbe svolgere la propria critica.

Negli ultimi anni questo processo in Italia è seguitato a gran passi, coinvolgendo anche l'autonomia di gruppi e partiti. Dall'interno del palazzo si è gridato 'chi vuol entrare entri, perché le porte si chiudono' e qualcuno è saltato dentro davvero, ed ha teorizzato l'inconcludenza del voler parlare da fuori: come il partito saragattiano. A chi aveva scritto sulle proprie bandiere di voler cambiare l'edificio, rinnovarlo profondamente, è rimasto il ruolo della denunzia, dell'attacco marginale, della propaganda, tollerato in un Parlamento dagli scarsi echi, dalla precostituita maggioranza, e soprattutto dal limitato potere d'intervento sui gangli decisivi dell'azione statale.

E. ROGATI, *Nord e Sud*

1   Riassumere il contenuto del passo in circa 150 parole.
2   Rispondere in italiano in modo esauriente alle seguenti domande:
   a   Perchè la Repubblica Italiana è definita parlamentare?
   b   Quali pericoli presenta l'ingerenza statale?
   c   In che modo viene annullata la funzione della minoranza?
   d   Come questo fatto investe la società italiana?
3   Spiegare le seguenti espressioni: camere elettive; controllo democratico sull'esecutivo; ingerenze del sottogoverno; strapotenza di gruppi economici costituiti; accentramento dei poteri e delle responsabilità; tessuto civile poco evoluto; minato da seri squilibri interni; termine tanto impegnativo; elementi di conoscenza intorno ai dati fondamentali; ha teorizzato l'inconcludenza del voler parlare da fuori; il ruolo della denunzia; Parlamento dagli scarsi echi; gangli decisivi dell'azione statale.
4   Tema: L'alienazione dell'individuo nell'attuale contesto sociale.

NOTE
Partito saragattiano = Partito socialdemocratico di tendenze moderate (PSDI—PSU).

43 *Troppa fretta di governare*

È scritto nella nostra Costituzione – articolo 94 – che il governo deve ottenere la fiducia delle due Camere entro dieci giorni dalla sua formazione. È una formulazione semplice e perentoria, in quanto sembra significare che un governo non esista, non sia cioè nel pieno possesso delle sue facoltà, fino a quando il parlamento non si sia pronunciato a suo favore. Anche se la Costituzione non prescrive quanto tempo abbia a durare il cosiddetto dibattito sulla fiducia, sembra evidente che, stabilito il termine *a quo*, che obbliga il governo a presentarsi alle Camere, per tutto il tempo in cui si attende la scadenza del termine *ad quem*, la concessione del voto di fiducia, non sussiste un governo vero e proprio.

Esso non potrà promulgare decreti, in altre parole, e non sarà nemmeno legittimato a esercitare quella che suole chiamarsi la ordinaria amministrazione. Poiché, del resto, non si può concepire una vacanza di governo più o meno prolungata, dovrebbe essere pacifico che in carica si intenda rimasto il governo precedente, ancorché dimissionario. Quando infatti un presidente del Consiglio si presenta al capo dello Stato per rassegnargli il mandato ricevuto a suo tempo, il presidente della Repubblica lo invita a restare in carica per la gestione degli affari correnti. Una definizione esatta di quelli che sono tali affari è naturalmente controversa, in dottrina; ma la prassi ne giudica secondo norme di buon senso comune, e raramente sono stati lamentati inconvenienti di tipo rilevante.

Gli abusi di potere da parte dei dimissionari sono stati infrequenti nella recente nostra esperienza, essendo stata rispettata una sostanziale correttezza istintiva, forse dettata da una elementare saggezza politica che guarda al futuro, come è logico e ovvio. Diverso è invece il discorso da fare per quanto riguarda i subentranti. Accade infatti che, una volta formato un nuovo governo, non appena i neo-ministri abbiano giurato 'nelle mani' del capo dello Stato, immediatamente essi imprendano a governare di fatto, incuranti della mancanza del titolo costituzionale loro richiesto, cioè della fiducia. Ancora mancanti del prescritto requisito, ogni presidente del Consiglio di nuova nomina e i ministri che lo attorniano si mettono all'opera. Si affrettano le cerimonie del cosiddetto scambio delle consegne ed i ministri nuovi si insediano e si appropriano delle pratiche di affari correnti, si assumono la gestione dei fondi segreti assegnati a ciascuno, senza che nulla possa impedir loro di farne l'uso che meglio credano. Tutto ciò mentre ancora essi non costituiscono un governo regolarmente accreditato.

Praticamente, insomma, la Costituzione è disattesa, in uno dei suoi articoli fondamentali. Non è difatti il giuramento prestato nelle mani del capo dello Stato che conferisce il crisma al potere legislativo: è il voto di fiducia delle Camere, che può anche mancare. Si ricorda, ad esempio, che l'ottavo ministero De Gasperi, formato dopo giuramento il 16 luglio 1953, cadde il 2 agosto successivo, bocciato dalla Camera: ma in quei quindici giorni, o poco più, i suoi ministri avevano preso provvedimenti come se già fossero stati investiti di una piena legittimità di potere. Avvenne poi che tali provvedimenti – alcuni dei quali rilevanti anche da un punto di vista solo amministrativo e non politico – dovettero venire revocati.

V. GORRESIO, *Tempo Presente*

1   Riassumere il contenuto del passo in circa 100 parole.
2   Rispondere in italiano in modo esauriente alle seguenti domande:
   a Che cosa prescrive la Costituzione italiana riguardo al voto di fiducia?
   b Che cosa prevede la Costituzione per il periodo di interregno?
   c Qual è il comportamento dei governi subentranti?
3   Spiegare le seguenti espressioni: il governo deve ottenere la fiducia delle due Camere; dibattito sulla fiducia; termine 'a quo'; termine 'ad quem'; la ordinaria amministrazione; dimissionario; rassegnargli il mandato ricevuto; gestione degli affari correnti; la prassi; una sostanziale correttezza istintiva; giurato 'nelle mani' del capo dello Stato; incuranti della mancanza del titolo costitu-

zionale loro richiesto; la Costituzione è disattesa; conferisce il crisma.

4   Tema: Vantaggi e svantaggi dei diversi sistemi di governo.

NOTE
De Gasperi = leader della Democrazia Cristiana nel primo dopoguerra.

44 *Insegnamento della storia e riforma universitaria*

Il problema della dissociazione tra Università e società, ed il modo di adeguare l'insegnamento universitario ad una tematica più moderna e ad una popolazione scolastica imponente, sono stati discussi nel corso della quinta assemblea generale della 'Societa degli Storici Italiani'.

Non par dubbio che disordini e proteste studentesche traggano origine dalla sensazione, avvertita dai giovani, della sclerosi che ha colpito da tempo le strutture universitarie, dell'incapacità dimostrata dall'Università di adeguarsi dal punto di vista didattico alla problematica più moderna e più viva, della fase di transizione che sta vivendo tra il compito sinora avuto di preparare delle *élites* e quello di istruire delle masse.

Tutto ciò interessa, ovviamente ed *in primis*, l'insegnamento della storia, reso oggi tanto più importante e tanto più necessario proprio come complemento, se non addirittura come correttivo, dell'enorme balzo nel campo scientifico e tecnologico. Ma per ottenere un tale scopo, che è poi il vero scopo, l'insegnamento della storia deve anch'esso adeguarsi ai tempi nuovi.

Anche altri insegnamenti, resi importanti ed attuali dalla rivoluzione delle comunicazioni nel mondo, come quello di Storia delle relazioni internazionali, materia fondamentale e qualificante della Facoltà di Scienze politiche, stentano a trovare una diffusione ed una sistemazione adeguata alla loro importanza. Lo stesso deve dirsi per la Storia contemporanea, di cui è attualmente aperto il *secondo* concorso a cattedra universitaria in senso assoluto! Sulla importanza della storia contemporanea (il discorso può valere in parte anche per quella delle relazioni internazionali) gli storici tradizionalisti invocano una prudenza, che non è forse più dei nostri tempi, i quali offrono un'informazione ed una documentazione pressoché immediate. Si tratta di affrontarle con metodo e senso storici, consci, come debbono essere gli studiosi, delle limitazioni che incombono su tutte le ricerche, qualunque sia il loro oggetto.

Per quanto riguarda la ristrutturazione delle università nel loro complesso, due modelli esistono già per una approfondita valutazione, quello delle università anglo-sassoni e quello delle università dell'Europa orientale. Nel primo caso l'impegno didattico è forse maggiore (soprattutto nelle università americane il cui livello culturale è generalmente più basso di quel che non sia nel nostro paese). Occorre tener conto però del maggior numero di professori di cui dispongono, della maggior liberalità che hanno quelle università nell'affidare corsi straordinari a personalità anche fuori dal mondo accademico, infine della istituzione dell' 'anno sabatico' in base al quale il docente, ogni cinque o sette anni dispone di un anno libero e retribuito per dedicarsi alla sola ricerca.

Nei paesi dell'Europa orientale l'insegnamento è programmato sulla base di determinati scopi che si vogliono raggiungere. Esso è gratuito ed aperto a tutti: ma nella maggior parte delle università vige la regola del 'numero chiuso', per cui l'ammissione dello studente avviene sulla base della graduatoria ottenuta in un apposito esame. In seguito gli studenti che non abbiano superato gli esami, vengono eliminati inesorabilmente e spediti a lavorare nelle fabbriche o nei campi. (In alcune università italiane il numero di fuori corso supera il terzo degli iscritti!).

La riforma dell'Università dovrebbe perciò avvenire, secondo le voci più autorevoli, mantenendo un certo equilibrio tra l'esigenza di continuare a formare delle 'élites', e quella d'istruire le masse studentesche. Per quanto riguarda la funzione del docente universitario, il maggior impegno didattico non dovrebbe essere tale da danneggiare la sua attività scientifica. Occorre infatti ricercare e studiare continuamente se si vuol avere qualche cosa di vero e di valido da trasmettere ai giovani.

Il Messaggero

1   Riassumere il contenuto del passo in non più di 150 parole.
2   Rispondere in italiano in modo esauriente alle seguenti domande:
    a   Quali problemi sono stati affrontati dall'assemblea generale della 'Società degli Storici Italiani'?

b Quale importanza riveste l'insegnamento della Storia nella Università moderna?

c Su quali modelli si può basare la riforma universitaria italiana, e quali problemi presentano?

3 Spiegare in italiano le seguenti espressioni: il problema della dissociazione tra società ed Università; la sclerosi che ha colpito le strutture universitarie; correttivo dell'enorme balzo nel campo scientifico e tecnologico; materia fondamentale e qualificante; consci delle limitazioni che incombono su tutte le ricerche; ristrutturazione delle università nel loro complesso; l'ammissione avviene sulla base della graduatoria ottenuta in un apposito esame; fuori-corso; impegno didattico.

4 Tema: La funzione dell'università nel passato e nel futuro.

45 *La riforma scolastica*

Le considerazioni sulle strutture fisiche della scuola non sono neppure un semplice dato tecnico ma riguardano gli strumenti primari ed essenziali per l'esercizio delle attività scolastiche. In primo luogo l'edilizia scolastica. La legge n. 641, oggi, a distanza di alcuni anni dalla sua entrata in vigore, mostra di non essere in grado di superare le antiche arretratezze, e tanto meno di provvedere alla sostituzione di quegli edifici vecchi e fatiscenti in cui vivono i nostri scolari e che in gran parte sono ex conventi, che forse più l'ansia anticlericale dei nostri avi del Risorgimento che non una reale sollecitudine pedagogica volle, circa un secolo fa, destinare a nuovi templi della sapienza civile.

Ma la legge n. 641 non è neppure in grado di tenere dietro, nelle condizioni attuali, allo sviluppo crescente della scolarizzazione. Eppure come condizione necessaria per un reale diritto allo studio si parla sempre più frequentemente e sempre più a ragione di pieno tempo nella scuola media, si parla della necessità di ridurre in termini più ragionevoli il rapporto numerico fra insegnanti ed alunni. Continuano invece i doppi turni, le aule sovraffollate, le scuole pletoriche e il meccanismo stesso della legge, che pareva a taluno dover garantire un più rapido *iter* burocratico, si è rivelato invece lento ed inceppato. Per di più l'autonoma facoltà di scelta degli enti locali nel provvedere ai fabbisogni scolastici delle comunità è stata mortificata attraverso una serie di istanze e di commissioni in cui l'elemento burocratico, i rappresentanti cioè dell'esecutivo, prevale nettamente. Il tutto in una situazione in cui l'assenza di una politica urbanistica degna di questo nome, o meglio la via libera lasciata da anni e per anni alla speculazione edilizia più sfacciata e sfrenata, ha tolto nelle nostre città qualsiasi possibilità per una dislocazione razionale dei nuovi edifici.

Io credo pertanto che la maggioranza che anni fa salutò la legge sull'edilizia scolastica come un avvio con il metodo della programmazione alla soluzione dei gravi problemi edilizi della scuola italiana non possa sottrarsi ad una riflessione autocritica, i cui elementi macroscopici risultano dall'ammissione fatta nella *Relazione previsionale* del ministro Colombo, secondo cui il piano di attuazione degli interventi nell'edilizia scolastica risulta oggi applicato al 22 per cento, con un enorme scarto per difetto, e da un altro elemento altrettanto rilevante e che caratterizza ampiamente la discussione in corso su questo bilancio e che è dato dalla mole dei residui passivi, cioè di quelle spese che il Parlamento aveva deliberato e che l'esecutivo non ha saputo o non ha voluto realizzare; spese che nel solo settore edilizio di competenza dell'istruzione, al 31 dicembre 1967 ammontavano alla somma di più di 300 miliardi, per la massima parte riferentisi alla sola edilizia scolastica.

Ma, accanto alle strutture edilizie, c'è il problema ormai drammatico delle strutture umane, cioè del personale insegnante. Sarebbe lungo, difficile, complesso un discorso sulla qualità e sulla funzione degli insegnanti italiani, oggi, un discorso cioè, che non sfugga per demagogismo a un giudizio anche critico; se è vero che si è estinto o si va estinguendo l'antico tipo di insegnante di solida preparazione culturale, legato alla scuola, ad una scuola ancora di *élite*, ma ricco di umanità, aperto anche, talora, ai problemi della democrazia e del socialismo, non è d'altra parte sorto un nuovo tipo di insegnante che risponda alle esigenze di una scuola di massa.

Ci troviamo di fronte – non neghiamolo – ad una categoria di insegnanti che in una parte non indifferente, non minoritaria, stenta a raccogliere quanto di profondamente nuovo e ricco c'è nell'ansia di risalire dall'avvilimento di un secolare analfabetismo contadino alla capacità di intendere il mondo della storia e della natura, di farsi classe capace di dirigere e di controllare chi dirige.

M. RAICICH, *Belfagor*

1   Riassumere il contenuto del passo in circa 200 parole.
2   Rispondere in italiano in modo esauriente alle seguenti domande:
    a   Che cosa s'intende per 'strumenti primari per l'esercizio delle attività scolastiche'?

b In che modo l'elemento burocratico impedisce una normale applicazione delle pur esistenti leggi?

c Qual è la situazione dell'edilizia scolastica in Italia?

d In che cosa consiste il problema delle strutture umane nella scuola italiana del momento?

3 Spiegare le seguenti espressioni: le strutture fisiche della scuola; gli strumenti primari ed essenziali; fatiscenti; ansia anticlericale; reale sollecitudine pedagogica; nuovi templi della sapienza civile; scuole pletoriche; dislocazione razionale; il metodo della programmazione; sottrarsi ad una riflessione autocritica; elementi macroscopici; scarto per difetto; una scuola ancora di élite; ansia di risalire dall'avvilimento di un secolare analfabetismo contadino.

4 Tema: La scuola italiana nel contesto storico dall'Unità d'Italia ad oggi.

46 *La riforma universitaria*

Notevoli innovazioni nella struttura dell'Università, negli studi, nell'organizzazione didattica e amministrativa sono contenute nel disegno di legge per la riforma universitaria che la Camera discuterà alla ripresa dell'attività parlamentare.

Il provvedimento è diviso in sei parti. La prima stabilisce che ogni Università è formata da almeno due facoltà. I titoli accademici saranno di tre tipi: il diploma, per il quale occorreranno due anni di studio, la laurea (quattro anni in generale, cinque per alcune facoltà e sei per medicina), il dottorato di ricerca – che sarà il massimo titolo – per il quale saranno richiesti altri due anni dopo la laurea.

Un'altra novità è l'istituzione del 'dipartimento universitario'. In ogni dipartimento verrà costituita, con elezioni democratiche, una consulta composta di professori, assistenti e studenti.

Una nuova struttura viene data – nella seconda parte del disegno di legge – al Corpo accademico che sarà formato da tutti i professori di ruolo e fuori ruolo, dai rappresentanti dei professori aggregati, dagli incaricati e dagli assistenti di ruolo. Il Corpo accademico, così ampliato, eleggerà il rettore per un periodo di quattro anni: ora la nomina è riservata ai professori di ruolo e fuori ruolo, con esclusione degli altri docenti. Anche i consigli d'amministrazione, presieduti dal rettore, saranno allargati con la partecipazione dei delegati dei professori, degli assistenti e degli allievi, scelti con elezioni.

Per la prima volta la legge prevede che possano far parte dei Consigli d'amministrazione anche i rappresentanti di enti o privati a condizione che 'concorrano al mantenimento dell'Università con un contributo annuo non inferiore ad un ventesimo del contributo ordinario dello Stato e in ogni caso non inferiore ai quindici milioni'.

Ogni facoltà sarà retta da Consigli interni di professori, assistenti e studenti.

Il disegno di legge fissa, con precisione, gli obblighi accademici del professore universitario a qualsiasi categoria appartenga e il principio del 'tempo pieno', la cui introduzione eviterà le frequenti assenze dei titolari di cattedra dalle aule dove, in genere, sono sostituiti da incaricati, aiuti e assistenti. Il progetto prescrive che ciascun docente deve dedicare all'insegnamento le ore settimanali necessarie 'in non meno di tre giorni distinti' e, comunque, per 'non meno' di cinquanta ore nell'anno accademico. Ogni professore deve svolgere attività di seminario, di laboratorio, di clinica, dirigendo di persona le esercitazioni. Il docente ha l'obbligo di stabilire le ore in cui, per almeno tre giorni settimanali, gli studenti potranno incontrarlo durante il periodo delle lezioni. Ogni anno dovrà preparare una relazione sulle ricerche scientifiche compiute, specificando gli scopi e i risultati ed elencando le relative pubblicazioni.

Nessun professore, inclusi gli assistenti, potrà 'assolutamente' coprire incarichi a carattere continuativo in enti pubblici o privati. Se eletti al parlamento o in enti locali, i professori saranno messi fuori ruolo per tutta la durata del loro mandato.

Un nuovo istituto previsto dal disegno di legge è il Consiglio nazionale universitario, che sarà il vero governo autonomo di tutti gli atenei, in quanto assumerà le funzioni ora attribuite al Consiglio superiore della Pubblica Istruzione.

LAMBERTO FURNO, *La Stampa*

1 Riassumere il contenuto del passo in non più di 150 parole.
2 Rispondere in italiano in modo esauriente alle seguenti domande:
   a Come sarà organizzata l'Università italiana secondo la progettata riforma?
   b Quali sono i nuovi titoli accademici e quale ne è il significato?
   c Come sarà formato il Consiglio d'amministrazione?
   d Quali saranno gli obblighi accademici del professore universitario?
   e Quale provvedimento cerca di promuovere i rapporti tra insegnanti e studenti?
3 Spiegare in italiano le seguenti espressioni: organizzazione didat-

tica e amministrativa; disegno di legge; ceti imprenditoriali; incarichi a carattere continuativo in enti pubblici o privati.

4 Tema: Sviluppo e funzione dell'Università nella società moderna.

NOTE

Professori di ruolo = established professors; professori fuori ruolo = assistant professors; professori aggregati = visiting professors; incaricati = unestablished professors; assistenti di ruolo = established lecturers.

47 L'Italia, gli aeroporti ed il Mezzogiorno

Il crescente sviluppo dell'aviazione civile, a prescindere dal ruolo che nel prossimo futuro può e vuole svolgere l'industria aeronautica italiana, pone, comunque, dei problemi; primo fra tutti la costruzione di nuovi aeroporti e la sistemazione di quelli già esistenti per adeguarli alle accresciute esigenze dei moderni mezzi di trasporto aereo.

E' chiaro, che una crescita costante e rapida deve, necessariamente, essere seguita, se non preceduta, da un pari sviluppo delle infrastrutture che condizionano le prospettive di incremento del trasporto aereo. La principale di tali infrastrutture è l'aeroporto.

Aeroporto è il complesso di superfici, impianti e servizi predisposti per il decollo e l'atterraggio, il carico, lo scarico, il rifornimento, la manutenzione e tutte le altre operazioni necessarie al traffico aereo.

Occorre 'infittire' la rete degli aeroporti meridionali; e, d'altra parte, è questo anche il proponimento del Programma di Sviluppo Economico per il quinquennio 1966–70, secondo il quale 'il miglioramento delle attrezzature e dei servizi per il trasporto aereo internazionale, la creazione di un sistema di scali aerei per i servizi interni, l'adeguamento delle infrastrutture per il controllo del traffico aereo e la sicurezza del volo, sono le esigenze primarie nel settore degli aeroporti. La creazione della rete aeroportuale regionale condiziona la prevista istituzione di nuove linee servite dagli aeroplani per collegare fra di loro e coi principali centri del nostro territorio, le zone industriali, commerciali e turistiche in via di sviluppo, soprattutto nel Mezzogiorno. Tale rete regionale dovrebbe poter favorire anche la istituzione di servizi con elicotteri, i quali dovranno essere riservati a quelle zone per le quali non esistono altre possibilità di più convenienti collegamenti.

L'istituzione di nuovi servizi interni dovrà, ovviamente, essere comunque coordinata con i servizi già assicurati dagli altri mezzi di trasporto.

Lo sviluppo degli aeroporti e dell'aviazione civile comporterà nel quinquennio un investimento complessivo di 100 miliardi di lire, dei quali 70 destinati all'ammodernamento e alla graduale costruzione di nuovi aeroporti, con particolare riguardo alle regioni che ne sono sprovviste, e all'aeroporto di Fiumicino.

Il punto debole sta nel fatto che, pur riconoscendosi la necessità di interventi nel settore, ci si mantiene molto nel vago; e tanto meno si precisano i termini geografici della localizzazione degli aeroporti di nuova costruzione: l'unico esplicito riferimento si fa all'ammodernamento dell'aeroporto di Fiumicino.

Vi è, infine, un altro importante problema che non va trascurato quando si parla della creazione di nuovi aeroporti: quello del 'tempo a terra' – insieme di due fondamentali componenti: ricettività dell'aeroporto e collegamento tra città ed aeroporto – per cui spesso, almeno in senso relativo, è maggiore la durata dell'attraversamento del centro urbano per raggiungere l'aeroporto che non quella del viaggio stesso in aereo.

È evidente, perciò, che anche il problema delle comunicazioni tra l'aeroporto e la regione da esso servita merita grande importanza dal momento che al passeggero interessa non tanto la lunghezza del percorso quanto la sua durata e non tanto la sua durata quanto la 'costanza' di questa durata, che non sia, cioè, interrotta da ostacoli, quali, ad esempio, gli ingorghi delle circolazione urbana.

Naturalmente, queste considerazioni non inducono il viaggiatore, per lo meno la massa dei passeggeri, ad accettare costi molto elevati per ridurre i tempi di percorrenza città-aeroporto, come potrebbe essere, ad esempio, il trasporto in elicottero. Qualche aeroporto, come quelli di Bruxelles e Londra, dispongono di un collegamento ferroviario con la città, ma anche questo tipo di trasporto non incontra troppi favori.

Il problema è, dunque, abbastanza complesso, ma la soluzionè generalmente riconosciuta come migliore e meno costosa e quella della 'strada': e quindi, la soluzione del problema è legata con la soluzione dell'altro annoso problema della viabilità urbana e surburbana.   UGO LEONE, *Nord e Sud*

1   Riassumere il contenuto del passo in circa 150 parole.

2   Rispondere in italiano in modo esauriente alle seguenti domande:

   a   Quali principali problemi pone all'Italia lo sviluppo dell'aviazione civile?

   b   Quali infrastrutture sono necessarie per lo sfruttamento razionale di un aereoporto?

   c   Che cosa comporta la soluzione del problema del 'tempo a terra'?

   d   Quali criteri devono regolare la scelta delle soluzioni a questi problemi?

3   Spiegare le seguenti espressioni: infrastrutture che condizionano le prospettive di incremento del trasporto aereo; comporterà nel quinquennio un investimento complessivo di 100 miliardi di lire; ci si mantiene molto nel vago; gli ingorghi della circolazione urbana; non incontra troppi favori; dell'altro annoso problema della viabilità urbana e suburbana.

4   Tema: L'Importanza delle comunicazioni e i problemi che esse presentano alla società.

NOTE

Aereoporto di Fiumicino: uno dei tre aereoporti di Roma, situato ad ovest della città, attrezzato per il traffico intercontinentale.

48 *L'urbanistica*

E' a tutti noto come l'urbanistica in quanto disciplina sia nata come metodo di controllo delle relazioni formali fra edifici diversi verso la costruzione di un insieme architettonico di cui gli edifici singoli siano gli elementi. Meno universalmente noto è come da questo genere di interessi strettamente architettonici si sia sviluppata l'idea cinque-settecentesca del 'piano regolatore' e del 'regolamento edilizio', insieme razionalizzazione e convogliamento verso una superiore unità formale delle diverse iniziative edilizie tendenti invece a distinguersi e a chiudersi nell'unità individualistica propria.

Piano regolatore e regolamento edilizio avevano già reso chiara la loro incapacità di divenire realtà per l'inconsistenza dei mezzi d'attuazione – e tuttavia sono arrivati a noi pressoché inalterati, già inefficienti per la semplicistica realtà precedente la rivoluzione industriale e borghese del settecento, inefficientissimi, nel loro candore, per la tremenda, complessa, intricata realtà della metropoli moderna.

Più che nota, infine e presente in tutti noi, è l'*evoluzione–involuzione* recente di questa disciplina, che tutti noi abbiamo aiutato nella difficile operazione del taglio del cordone ombelicale che la legava, ancora quindici anni fa, all'architettura perché acquistasse coscienza della propria individualità, della propria specificità.

Gli equivoci determinanti, determinati dall'attuale imperfetta promozione dell'urbanistica, sono più d'uno.

Nel lodevole sforzo di sviluppare l'urbanistica in una vera e propria pianificazione territoriale, in rapporto alla programmazione economica e sociale, è andato prendendo corpo il discorso sull'interdisciplinarietà della materia. Tuttavia in difetto di una maturata coscienza dei *predominanti aspetti di sintesi* della sua azione, si è venuta praticamente formando la convinzione che l'urbanistica non possa essere altro se non la risultante della somma degli apporti analitici e di calcolo, quantitativo e qualitativo, operato dai vari *specialisti*, ognuno nel settore di specifica competenza; quasi un coacervo di dati, quindi, di considerazioni, di indicazioni, senza interventi di organizzazione globale, senza la digestione e il superamento di tutti quegli sguardi parziali in una visione di insieme.

Si è perduta la verità d'una urbanistica come prefigurazione di una struttura urbana o territoriale che, nata da considerazioni di economia, di sociologia, di ecologia, sviluppata in operazioni di topologia, di calcolo e di verifica moderne, di progettazione tecnologica delle infrastrutture e di pianificazione urbanistica in senso proprio, permettesse poi e convogliasse al miglior fine le singole operazioni di intervento, in maniera da fornire ai cittadini fruitori futuri le caratteristiche di spazio che a loro servono e che loro stessi potrebbero, e dovrebbero quindi, pretendere da noi.

L. QUARONI, *Tempi Moderni*

1   Riassumere il contenuto del passo in non più di 150 parole.
2   Rispondere in italiano in modo esauriente alle seguenti domande:
    a   Dare una definizione dell'urbanistica tradizionale.
    b   Quali aspetti sono stati poi assunti dall'urbanistica?
    c   Quali dovrebbero essere i compiti dell'urbanistica?
3   Spiegare le seguenti espressioni: urbanistica in quanto disciplina; insieme architettonico; inconsistenza dei mezzi d'attuazione; evoluzione-involuzione; taglio del cordone ombelicale; è andato prendendo corpo il discorso sull'interdisciplinarietà della materia; si è venuta praticamente formando la convinzione; una visione di insieme.
4   Tema: I grandi comglomerati urbani e la loro influenza sulla vita dell'uomo.

49 *Il rapporto tra piano regionale e piano nazionale*

Tra i vari temi emersi nel corso della elaborazione dello schema regionale di sviluppo, merita di essere sottolineato quello relativo ai rapporti con il programma nazionale, che ha costituito uno dei punti più delicati e non appare suscettibile di soluzioni semplicistiche, in Piemonte come nelle altre regioni.

E' noto come il discorso intorno alla articolazione regionale della politica di piano, alle sue forme e ai suoi limiti, abbia costituito uno dei più appassionanti argomenti di dibattito e di polemica tra i fautori delle due tesi estreme, quella del piano regionale intesa come semplice disaggregazione spaziale del programma nazionale e quella del piano regionale 'autonomo' con obiettivi propri svincolati da un obbligo di coerenza con quelli assunti dal programma nazionale.

Entrambe le tesi sono state sostenute con argomenti degni di considerazione: la necessità di non scardinare, in nome dello 'automatismo' regionale, la logica della politica di piano, o, al polo opposto, il richiamo alla necessaria dialettica tra le istanze centrali e quelle regionali, per garantire alla programmazione un carattere democratico. In qualche caso, questa seconda argomentazione si è arricchita di ulteriori sfumature, prospettando la necessità che il piano regionale presenti 'l'immagine' che la classe dirigente di una regione ha di se stessa e del suo avvenire, senza preoccuparsi della coerenza con il programma nazionale, che può comunque scaturire da un coordinamento ex-post operato dall'autorità centrale.

Il piano 'autarchico' ha come necessaria condizione che le risorse prodotte in una data regione siano tutte impiegate in loco, e perciò è incompatibile con una politica di riequilibrio regionale (e questo è un limite non trascurabile, in un paese dove la classe politica nazionale si prefigge da almeno venti anni una politica di riequilibrio, attraverso uno sviluppo incentivato delle regioni meridionali).

Dobbiamo dire subito che in questo dibattito è stata quasi del tutto assente la voce dell'antimeridionalismo rozzo, reazionario, intriso di motivazioni razzistiche, pur così di moda a Torino fino a non molto tempo fa, secondo il quale ogni investimento al Sud andrebbe scoraggiato perché si tradurrebbe automaticamente in uno spreco di risorse.

E' vero, invece, che il Comitato regionale si è dato carico della ricerca di una soluzione la più compatibile possibile con i vincoli posti dal programma nazionale, pur nel perseguimento dell'obiettivo di non rallentare il tasso globale di sviluppo del sistema economico regionale.

Lo sforzo che il Crpe sta conducendo è pertanto orientato, non a ridurre ma a 'qualificare' lo sviluppo previsto, orientando gli investimenti verso quei settori in grado di garantire un elevato incremento di produttività (e, possibilmente, anche una maggiore diversificazione del sistema industriale regionale), senza pregiudicare la possibilità di una politica di decentramento che consenta di rispettare i limiti posti dal programma nazionale ai movimenti migratori, e che sia, soprattutto, in grado di assicurare al Mezzogiorno una quota di investimenti sufficiente al suo 'decollo industriale.'

L'obiettivo è dunque quello di avvicinarsi il più possibile alle previsioni formulate in sede di programmazione nazionale: oltre un certo limite, d'altra parte, dobbiamo onestamente riconoscere che se questo obiettivo non è completamente realizzabile ciò deve essere imputato alla schematicità ed anche all'obsolescenza di certe stime operate dal programma nazionale, che devono perciò essere aggiornate e corrette (ad evitare che tutta la macchina della programmazione giri a vuoto, superata dalla evoluzione in atto nella realtà economica del paese).

R. PETRELLA, *Tempi Moderni*

1   Riassumere il contenuto del passo in circa 150 parole.
2   Rispondere in italiano in modo esauriente alle seguenti domande:
    a   Qual è uno dei maggiori temi di discussione, riguardo al piano regionale?

b Quali tesi sono sorte su di esso, e da quali argomenti vengono sostenute?

c In che cosa il nuovo atteggiamento del Nord verso il Sud si distingue dal vecchio?

3 Spiegare in modo esauriente le seguenti espressioni: suscettibile di soluzioni semplicistiche; articolazione regionale della politica; obbligo di coerenza; dialettica tra le istanze centrali e quelle regionali; coordinamento ex-post; politica di riequilibrio regionale; tasso globale di sviluppo; decollo industriale; previsioni formulate in sede di programmazione nazionale; evitare che tutta la macchina delle programmazioni giri a vuoto.

4 Tema: Vantaggi e svantaggi della politica di decentramento.

NOTE

Crpe = Comitato Regionale Programmazione Economica.

Non si potrebbe scegliere un momento piú favorevole, un momento così particolare per la cultura architettonica italiana: è un momento che si potrebbe definire di crisi se il termine non fosse sfruttato e in parte equivoco e, infine, se una volta ammessa la sua idoneità a definire la situazione, non ci fossero molte ragioni per sostenere che in questo dopoguerra gli architetti italiani sono sempre stati in uno stato di crisi: crisi dinamica, crisi ricca di sviluppi, ma pur sempre crisi.

In questi ultimi cinque anni si sono cumulati una serie di fattori che concorrono a rendere particolarissimo questo intorno di tempo: la crisi del settore edilizio, l'evoluzione dell'organizzazione della professione, le vicende della facoltà di architettura nell'ambito della crisi piú generale dell'università.

Ma, nel giudicare ciò che l'architettura ha rappresentato negli anni '50, non bisogna farsi influenzare dall'immagine dell'architetto che, spesso artificiosamente, è stata costruita da pochi personaggi che hanno giocato un ruolo purtroppo abbastanza determinante nel quadro piú generale. L'architetto con i capelli lunghi, con le manie ed i nervosismi di un creatore di mode, con le smanie mondane, con i toni e gli atteggiamenti messianico-salottieri, con le confusioni tipiche dell'integrato convinto di fare la rivoluzione mettendosi un vestito bizzarro addosso, non rappresenta che un aspetto del tutto marginale di un fenomeno culturale con radici abbastanza profonde, nell'ambito del quale sono stati elaborati temi e proposte di carattere generale, tali da sconvolgere alcune delle principali strutture del paese. Perché se, da una parte, all'interno del perimetro della pseudocultura architettonica si collocano gli arredatori mondani, i disegnatori di stoffe, i progettisti di macinini da caffè, quanti dedicano una vita al disegno del cruscotto di un'automobile o di una poltrona, dall'altra, si trovano quanti hanno ripreso e studiato il problema dell'edilizia popolare, della pianificazione urbanistica, della conservazione a tutela del nostro patrimonio artistico, monumentale e paesaggistico. Sono questi i principali temi sui quali si impernia ancora oggi, anche se fra stanchezze e cedimenti, la polemica e la ricerca della cultura architettonica e urbanistica italiana.

I problemi dell'edilizia popolare hanno costituito l'occasione per riprendere, superati i furori della ricostruzione incontrollata, i temi degli architetti razionalisti europei degli anni '30 e di sperimentare nel vivo, pur fra molte difficoltà, una serie di idee sulle quali si sarebbe potuto sviluppare un lavoro di approfondimento e di ricerca ad altissimo livello: il primo settennio dell'INA-Casa comincia nel 1949 e, sia pure nell'ambito di una legge che aveva come principale obbiettivo quello dell'incremento dell'occupazione, coinvolge molteplici interessi economici e culturali, conservando abbastanza vivo un confuso desiderio di sperimentazione e di produzione di idee nuove, fino a quando la gestione INA-Casa non si trasforma nella GESCAL (Gestione case lavoratori), dissolvendo in una intelaiatura statica e solo formalmente piú aggiornata ciò che di buono si era riusciti a produrre nel primo e, poi, nel secondo settennio della gestione INA-Casa.

Riesaminando i quartieri realizzati dall'INA-Casa ci si rende conto molto bene dei limiti dei progetti elaborati da architetti e ingegneri entusiasti, ma condizionati da scelte di fondo estremamente limitanti: già lo stesso concetto di quartiere era interpretato quasi dovunque nel senso piú ristretto e segregante, cosí come la tipologia edilizia prefissata aveva concesso poco alla fantasia; ma la ristrettezza dei mezzi e un senso di responsabilità molto diffuso fra i progettisti, che sentivano di partecipare a uno degli esperimenti piú vasti e avanzati tentati nel settore edilizio dalla classe dirigente italiana, aveva eliminato barocchismi e raffinatezze fuori luogo, consentendo la realizzazione di costruzioni solide, molte delle quali sono invecchiate benissimo, e sono valide espressioni di un momento molto intenso della cultura architettonica degli anni '50.

C. CAVALLOTTI, *Il Mulino*

1　Riassumere il passo in circa 200 parole.

2　Rispondere in italiano in modo esauriente alle seguenti domande:
   a　Attraverso quali crisi è passata l'architettonica italiana del dopoguerra?
   b　Qual è stata l'occasione più significativa per aprire una nuova prospettiva agli architetti italiani in questo periodo?
   c　Fate il bilancio dei pregi e dei difetti della architettonica impegnata.

3　Spiegare le seguenti espressioni: cultura architettonica italiana; questo intorno di tempo; la crisi del settore edilizio; le smanie mondane; gli atteggiamenti messianico-salottieri, pianificazione urbanistica; i furori della ricostruzione incontrollata; una intelaiatura statica; scelte di fondo estremamente limitanti; barocchismi e raffinatezze fuori luogo.

4　Tema: L'avvenire dell'urbanistica.

NOTE

INA-casa = Sezione dell'Istituto Nazionale Assicurazioni che si occupava della gestione dei fondi per le case dei lavoratori (ora GESCAL).

51 *Discorso di un senatore*

'Il rilevante processo di sviluppo che ha interessato il sistema economico italiano nell'ultimo quinquennio, nel mentre ha riguardato in modo diretto e con effetti sempre più sensibili i territori compresi nel cosiddetto triangolo industriale, si è diffuso su zone via via più ampie delle restanti regioni settentrionali e centrali, in virtù di un duplice ordine di fenomeni. Si è verificato innanzi tutto un movimento migratorio che ha dato luogo, nel Veneto ed in alcune province delle regioni centrali, ad un maggior equilibrio fra popolazione e risorse produttive. Si è determinata, poi, una graduale estensione del sistema industriale, tradizionalmente concentrato, verso altre zone che, per posizione geografica e per disponibilità di popolazione, consentivano una localizzazione relativamente conveniente. La creazione di nuovi stabilimenti industriali, l'affermarsi di rapporti di interconnessione con le aziende già localizzate nel triangolo industriale, hanno modificato profondamente il sistema economico di buona parte delle province dell'Emilia, del Veneto e della Toscana, aggiungendo nuovi impulsi a processi di sviluppo che già si manifestavano in via autonoma. Il problema delle aree di minore sviluppo dell'Italia centrosettentrionale si presenta quindi, oggi, piuttosto ridimensionato rispetto al 1950, in quanto non sussiste nelle aree medesime quell'ampia disponibilità di forze di lavoro che si riscontrava a tale epoca. Le situazioni di effettivo sotto-sviluppo, non influenzate né da rilevanti modifiche nella distribuzione della popolazione, né da un inizio di processo di sviluppo economico, appaiono oggi più limitate nella loro estensione, ma non per questo meno abbisognevoli di un adeguato intervento.

In particolare, dovrà tenersi conto del fatto che sussistono ancora oggi notevoli deficienze nel sistema delle infrastrutture economiche e civili, e che, anche nei casi in cui si sia avuto un sensibile esodo di popolazione, non si sono svolti nell'agricoltura quei processi di ristrutturazione dell'assetto fondiario e di riconversione colturale che potrebbero garantire, alle forze di lavoro rimaste, livelli di prodotto pro capite più adeguati ai livelli medi dell'economia del Paese.

Deve tenersi presente, peraltro, che i problemi delle aree sottosviluppate del Centro-Nord si pongono con particolare urgenza non tanto per le zone, piuttosto limitate, che si trovino intercluse nell'ambito di territori più vasti, e che presentino livelli e ritmi di sviluppo da cui possano trarre profitto le aree minori, ma, soprattutto, per quelle zone in cui una rilevante disponibilità di forze di lavoro e l'inadeguata esistenza di collegamenti rendono particolarmente grave lo squilibrio fra popolazione e risorse'. (Atti Senato, n. 1215).

Vita Italiana

1 Riassumere il contenuto del passo in circa 100 parole.
2 Rispondere in italiano in modo esauriente alle seguenti domande:
    a Quale zona è stata maggiormente interessata recentemente dal continuo sviluppo dell'economia italiana?
    b Quali fatti si sono verificati in questa zona?
    c In quali zone sono maggiormente avvertiti i problemi delle aree sottosviluppate?
3 Spiegare le seguenti espressioni: in virtù di un duplice ordine di fenomeni; meno abbisognevoli di un adeguato intervento; un sensibile esodo di popolazione; ristrutturazione dell'assetto fondiario e riconversione culturale; l'inadeguata esistenza di collegamenti; squilibrio fra popolazione e risorse.
4 Tema: Il progresso economico risolve molti problemi per la società, ma ne crea moltissimi altri.

52 *Investimenti pubblici*

Gli investimenti pubblici acquistano un peso crescente nell'economia nazionale. Ma i criteri con i quali nel settore pubblico le decisioni di investire vengono prese restano vaghi e difficili da interpretare. Nel settore delle partecipazioni statali, si deve ritenere che le singole imprese procedano mediante criteri simili a quelli applicati dal settore privato; nel settore dell'amministrazione statale, si sa che i calcoli di economicità vengono eseguiti solo occasionalmente, seguendo criteri che non vengono resi regolarmente di pubblica ragione e comunque non costituiscono una prassi normale e costante. Ancora oggi si deve riconoscere che nel nostro paese non è stata elaborata una logica dell'investimento pubblico.

In un paese come il nostro, nel quale il settore pubblico assorbe una fetta crescente dell'economia nazionale e in molti rami dell'industria ha ormai acquisito posizioni di dominio, questa situazione dovrebbe essere considerata paradossale. Essa viene invece accettata come normale, e solo di rado accade di imbattersi in qualche voce isolata di protesta. Le ragioni che inducono l'opinione pubblica, qualificata e non, a considerare normale una situazione che per molti aspetti risulta priva della più elementare razionalità, sono le più svariate. In parte, è forse ancora possibile invocare la tradizionale spiegazione di natura storica, secondo cui, nei tempi andati, la spesa statale, essendo in prevalenza concentrata nel campo delle spese correnti, non avrebbe dato luogo ai problemi di valutazione che sorgono in relazione alle spese per investimento. Non si può escludere che tale elemento abbia contribuito in parte a nascondere la necessità di elaborare principi di scelta per l'investimento pubblico. Ma non si può nemmeno negare che, in buona parte le ragioni che ancora oggi rendono diffidenti i più di fronte all'adozione di criteri di scelta predeterminati, sono di ben altra natura e riflettono l'intero spettro dell'opinione politica, dall'estrema destra all'estrema sinistra.

Da un lato, la sinistra economica sostiene che l'investimento pubblico non deve essere gestito mediante criteri di economicità, ma deve essere utilizzato come strumento politico per il raggiungimento di obiettivi sociali; sarebbe quindi pienamente corretto sottrarre l'investimento pubblico al vaglio del calcolo economico, calcolo che potrebbe distoglierlo dalle sue funzioni specifiche. All'estremo opposto, la destra economica parte dal presupposto che l'unico vero banco di prova è il mercato, e che di conseguenza gli sforzi dello Stato devono essere rivolti ad assicurare il funzionamento corretto del meccanismo di mercato; se questo obiettivo fosse raggiunto, non occorrerebbero, per il settore pubblico, criteri di investimento diversi da quelli propri del settore privato. Non mancano poi le posizioni intermedie, di coloro che accettano il principio ma ne discutono le possibilità di applicazione. La regola dell'efficienza secondo il mercato, per la sua natura di regola obiettiva, resterebbe l'unico baluardo contro l'arbitrio e la tendenziosità della pubblica amministrazione.

Non è nostra intenzione di discutere quest'ultima posizione. Si può solo osservare che, se si parte dal principio che la pubblica amministrazione sia comunque corrotta, è ovviamente superfluo introdurre nuove regole di condotta, perché esse saranno eluse come quelle dapprima vigenti; ma è anche illusorio credere che la regola dell'efficienza di mercato sia la regola migliore, perché agli occhi di un amministratore corrotto, il mercato non è uno spauracchio più temibile di una legge o di un regolamento, specialmente quando esso, nei confronti della impresa viene di fatto privato della sua sanzione maggiore che è quella della bancarotta. È quindi chiaro che tutta la discussione intorno alle regole di utilizzazione dei fondi pubblici deve essere condotta nell'ipotesi che la pubblica amministrazione sia disposta ad applicare tali regole con un minimo di buona fede e di lealtà.

A. GRAZIANI, *Nord e Sud*

1   Riassumere il contenuto del passo in circa 150 parole.
2   Rispondere in italiano in modo esauriente alle seguenti domande:
    a Quali sono le posizioni sostenute dalla destra e dalla sinistra riguardo allo investimento pubblico?

b Qual è la situazione dell'investimento pubblico in Italia, come risulta dal passo precedente?

c Esiste una soluzione ai problemi di regolamentazione della spesa statale?

3 Spiegare in modo esauriente le seguenti espressioni: settore delle partecipazioni statali; costituiscono una prassi normale e costante; non è stata elaborata una logica dell'investimento pubblico; elaborare principi di scelta; riflettono l'intero spettro dell'opinione politica; non deve essere gestito mediante criteri di economicità; sottrarre l'investimento pubblico al vaglio del calcolo economico; l'arbitrio e la tendenziosità; non è uno spauracchio più temibile di una legge o di un regolamento.

4 Tema: Le responsabilità dello Stato verso il cittadino.

53 *L'attività dell'Ispettorato del lavoro*

L'Ispettorato del Lavoro, organo dello Stato cui per legge è demandata l'importante funzione di vigilanza sull'esecuzione di tutte le disposizioni vigenti in materia di lavoro e di previdenza sociale da osservarsi nelle aziende dei vari settori produttivi ed, in genere, ovunque viene prestato lavoro subordinato, ha continuato a registrare nel 1968 un sensibile aumento del volume di attività, accompagnato da un miglioramento qualitativo del lavoro svolto.

I più favorevoli risultati conseguiti sono da attribuire principalmente all'inserimento di nuove unità ispettive reclutate a copertura dei posti previsti dagli attuali organici (peraltro ancora inadeguati alle effettive esigenze), all'avvio di una più efficiente organizzazione interna degli Uffici, all'introduzione di nuove tecniche ispettive precedute ed accompagnate da studi tecnologici ed economici su determinati settori produttivi e da corsi di aggiornamento professionale del personale ispettivo.

Una comparazione tra il numero dei soggetti (aziende) della vigilanza ed il complesso degli istituti legislativi da controllare con la sopra detta attuale forza ispettiva, pone in evidenza lo scarso numero di questa ultima e la conseguente necessità di provvedere ad un adeguato incremento: e ciò anche perché l'azione ispettiva non ha inizio, né si esaurisce, nel sopralluogo in azienda in quanto l'azione stessa richiede spesso un preventivo esame ed una preliminare istruttoria delle relative pratiche ed una successiva elaborazione di atti complementari e definitivi, nonché la partecipazione alle udienze dei procedimenti penali promossi a carico dei trasgressori.

In materia previdenziale è da rilevare la speciale azione di vigilanza condotta a titolo sperimentale congiuntamente a funzionari dei tre più importanti Istituti assicuratori (INAIL, INPS ed INAM) nel corso della quale sono state ispezionate con una speciale metodologia 1.277 aziende di grandi e medie dimensioni e sono stati recuperati contributi dovuti per circa sette miliardi su differenze di salari corrisposti e non registrati ai fini del calcolo dei contributi stessi.

Sempre nel 1968, gli Ispettorati del Lavoro hanno svolto diversi speciali servizi di vigilanza con riguardo in specie alle attività stagionali quali il settore turistico-alberghiero e quello conserviero, con risultati di notevole rilievo.

Altri e complessi compiti sono affidati agli Ispettorati, connessi e non con l'attività di vigilanza, ma non per questo meno importanti ed impegnativi quali: le rilevazioni statistiche sull'occupazione, sugli orari di lavoro, sulle retribuzioni, sui consumi di fonti energetiche e sulla produzione, nonché l'istruttoria di ricorsi e di istanze di autorizzazioni in materia di lavoro tra cui, ultima in ordine di tempo prevista dalla legge, quella per l'instaurazione di rapporti di apprendistato.

Vita Italiana

1 Riassumere il passo in circa 150 parole
2 Rispondere in italiano in modo esauriente alle seguenti domande:
  a Quali sono le funzioni dello Ispettorato del Lavoro?
  b Quali difficoltà incontra l'Ispettorato nel compiere il suo dovere?
  c Perché occorre una speciale azione di vigilanza nel campo delle assicurazioni statali?
3 Spiegare le seguenti espressioni: le disposizioni vigenti; attuali organici; l'avvio di una più efficiente organizzazione interna; aggiornamento professionale del personale ispettivo; una preliminare istruttoria delle relative pratiche; in materia previdenziale; salari corrisposti e non registrati; instanze di autorizzazione; instaurazione di rapporti di apprendistato.
4 Tema: Perchè è necessario un accurato controllo delle condizioni di lavoro nella industria.

NOTE
INAIL = Istituto Nazionale Assicurazioni Infortuni sul Lavoro.
INPS = Istituto Nazionale Previdenza Sociale.
INAM = Istituto Nazionale Assicurazione Malattie.

54 *Commercializzazione dell'ortofrutticoltura*

Il consumo delle frutta e degli ortaggi pregiati si espanse, nel-l'Ottocento, per l'effetto di due cause primarie, l'una economica, costituita dal progressivo seppure lento miglioramento del tenore di vita medio in alcuni Paesi, e l'altra di rilevante importanza conoscitiva: nel 1812 Funk scoperse le vitamine, elementi vitali che regolano le funzioni dell'organismo e soprattutto quelle della crescita e nel 1873 Foster dimostrò che i sali minerali sono importanti quanto le sostanze organiche per il contributo alla neutralizzazione degli acidi derivati dal metabolismo di vari alimenti. I più semplici ed immediati veicoli apportatori delle vitamine e dei sali minerali sono appunto, notoriamente, i prodotti ortofrutticoli.

L'espansione massale dei consumi delle frutta è un fenomeno circoscritto all'ultimo dopoguerra e ai Paesi industrializzati, con l'eccezione dei Paesi nordici, tuttora scarsi acquirenti di prodotti freschi, cui sostituiscono in larga misura surgelati e conserve varie.

L'Italia, primatista europea per la produzione degli ortofrutti-coli, identifica in questo comparto uno dei pilastri fondamentali della sua economia agraria, il cui apporto è di poco inferiore ad un terzo del reddito complessivo dell'agricoltura. Il comparto ha dimostrato, negli ultimi quattro lustri, una eccezionale vitalità espansiva; e questo *boom*, come accade sovente per i processi accrescitivi troppo rapidi, ha determinato in circolo fenomeni positivi e negativi. Fra i positivi citiamo la tendenza alla concentrazione delle colture nelle zone più adatte, o 'vocazionali'; l'ammodernamento degli impianti, specie frutticoli; la razionalizzazione e la selezione qualitativa parziale delle produzioni per conseguire un più elevato valore commerciale; la preferenza vivace dei consumatori.

Fenomeni negativi sono da considerarsi, invece, la mancata

programmazione dei volumi produttivi, con i conseguenti esuberi di alcune specie e varietà di frutta e ortaggio; la lenta normalizzazione degli stocks; le difficoltà della organizzazione dei produttori; le difficoltà della organizzazione del mercato; ed infine la crescente pressione concorrenziale sui mercati esteri.

Le prospettive di collocamento degli ortofrutticoli nel futuro prossimo – riferite alla capacità di assorbimento dell'interno e dell'estero – sembrano sostanzialmente favorevoli. Secondo gli esperti i consumi degli Italiani aumenterrano al ritmo medio annuo del 4,5 % fino a raggiungere, nel 1970, i 108 chilogrammi pro-capite. Dopo tale traguardo si restringeranno ad una media del 3,2 % attestandosi, nel 1975, a circa 124 chilogrammi pro-capite, e cioè ad un livello quasi al tetto delle possibilità di assorbimento. Questi incrementi potranno realizzarsi soltanto alle condizioni fondamentali di contenere i prezzi di elevare la qualità.

Anche i consumi dell'area communitaria e dell'estero in generale – determinanti per le nostre esportazioni – saranno condizionati innanzitutto da una offerta omogenea di alto livello qualitativo e da una commercializzazione operata da cospicui organismi associativi. Il collocamento delle nostre frutta e ortaggi sarà agevolato dalla preferenza sui mercati della CEE, ma si troverà a competere con la concorrenza della Francia, soprattutto per le mele e le pere.

L'offerta degli ortofrutticoli al 1975 risulterà, comunque, superiore alla domanda; da qui la necessità di potenziare gli utilizzi con le conserve, i surgelati, ecc., al fine di drenare al possibile la formazione di dannosi surplus, specie per le mele.

Vita Italiana

1 Riassumere il contenuto del passo in non più di 150 parole.
2 Rispondere in italiano in modo esauriente alle seguenti domande:
   a Quali motivi hanno causato l'accrescimento del consumo della frutta e degli ortaggi?
   b Quale posto occupa, nell'economia italiana, la produzione ortofrutticola?
   c Quali condizioni sono necessarie per incrementare il consumo di questi prodotti?

3 Spiegare le seguenti espressioni: tenore di vita medio; rilevante importanza conoscitiva; l'espansione massale dei consumi; uno dei pilastri fondamentali della sua economia agraria; i processi accrescitivi troppo rapidi; zone vocazionali; mancata programmazione dei volumi produttivi; la crescente pressione concorrenziale dei mercati esteri; le prospettive di collocamento; livello quasi al tetto delle possibilità di assorbimento; la CEE; potenziare gli utilizzi; drenare al possibile la formazione di dannosi surplus.

4 Tema: L'agricoltura nel mondo di oggi e di domani.

NOTE
CEE = Comunita Economica Europea.

55 *La politica degli sbocchi*

La creazione di industrie nel Mezzogiorno, apprestando *in loco* i prodotti che i meridionali ora acquistano dal Nord, eviterebbe, è chiaro, quella fuga di potere di acquisto dal Sud che si verifica attualmente in così notevole misura. Di conseguenza, il livello della domanda globale nel Mezzogiorno crescerebbe, e, con essa, i prezzi ed i profitti; ciò darebbe nuovo impulso all'industrializzazione.

Questo processo di industrializzazione forzata, che porta, poi, ad un'industrializzazione via via più spontanea ed autopropulsiva, è quanto il Mezzogiorno oggi attende: un compito improrogabile da svolgere per la nostra classe politica. Ma vi è un aspetto negativo di esso che io devo qui ricordare.

Lo squilibrio della bilancia dei pagamenti del Mezzogiorno, che abbiamo visto come una delle cause della mancata industrializzazione, è, per altri aspetti, un vantaggio notevolissimo per l'economia del nostro Sud. Le forti importazioni nette del Mezzogiorno permettono ai meridionali di consumare tutto o quasi tutto il loro reddito e di fare, ciononostante, investimenti dell'ordine del 25–30 % del reddito lordo; il che non sarebbe ovviamente possibile se consumi e investimenti del Sud dovessero limitarsi rigorosamente al reddito ivi prodotto. L'eccesso delle importazioni sulle esportazioni, in altre parole, pone risorse disponibili addizionali a disposizione del Mezzogiorno, risorse di cui il Mezzogiorno nello stato di arretratezza in cui si trova non può fare facilmente a meno. Se ciò è vero, il processo di industrializzazione impoverirebbe il Mezzogiorno nella misura in cui, riequilibrando la bilancia dei pagamenti, lo privasse di parte delle risorse oggi disponibili.

Lo squilibrio della bilancia dei pagamenti del Mezzogiorno, in breve, ha aspetti positivi e aspetti negativi per l'economia meridionale; e la industrializzazione, che tende ad eliminarlo, porta con sé il rischio di una riduzione delle risorse disponibili per il Mezzogiorno.

La via di uscita alle difficoltà è una sola: un più deciso sforzo di industrializzazione. Un massiccio sforzo di industrializzazione, infatti, facendo inizialmente rifluire nel Sud la massa di potere di acquisto che ora si riversa nel Nord, causerebbe una spinta inflazionistica che, accrescendo prezzi e salari, indurrebbe i meridionali a rivolgersi di nuovo ai prodotti del Nord. Con una fondamentale differenza rispetto a prima: che dopo l'industrializzazione nel Nord fuggirebbe dal Sud l'*eccesso* di domanda, quella domanda che non potrebbe trovare soddisfazione nel Sud, laddove attualmente – come abbiamo visto – la fuga di potere di acquisto lascia il Mezzogiorno con una scarsezza di domanda.

Questo nuovo e auspicabile squilibrio nella bilancia dei pagamenti che dovrebbe accompagnare e seguire l'industrializzazione – aggiungo – troverebbe anche per altro verso alimento nel processo di industrializzazione. Come è noto, l'economia italiana è oggi caratterizzata da un accentuato dualismo salariale, che è una delle manifestazioni del carattere dualistico in generale del nostro sistema. Il dualismo salariale significa salari più alti nel settore più capitalistico dell'economia, che è il settore della grande e media industria, ove i lavoratori sono protetti dalle organizzazioni sindacali, e salari più bassi nel settore della piccola industria e del commercio e in agricoltura; il dualismo salariale, di conseguenza, significa anche e al tempo stesso salari più alti al Nord, e salari più bassi al Sud. L'industrializzazione tenderebbe a ridurre questo divario (a ciò dovrebbe collaborare anche una cosciente politica salariale del governo e dei sindacati); e la scomparsa del dualismo salariale porterebbe con sé un aumento dei prezzi del Sud rispetto ai prezzi del Nord. Di qui il rinnovato stimolo a forti importazioni nel Mezzogiorno.

Una decisa industrializzazione del Mezzogiorno è necessità improrogabile oggi; e vi è da guardare con viva preoccupazione a quell'attenuarsi dell'impegno meridionalistico che da più parti oggi si segnala. Il compito – è chiaro – non è facile, e difficoltà possono presentarsi lungo la strada che neppure oggi si prevedono. Qualcuna di queste difficoltà verrà superata man mano che uno sforzo cosciente vorrà spezzare il circolo vizioso che affligge il nostro meridione; altre, invece, possono nascere proprio con l'industrializzazione. Ma anche quest'ultime – si è visto – non saranno insuperabili, soprattutto se a tempo previste.

BRUNO JOSSA, *Nord e Sud*

1 Riassumere il contenuto del passo in circa 200 parole.
2 Rispondere in italiano in modo esauriente alle seguenti domande:
    a Come si presenta attualmente la bilancia dei pagamenti del Sud d'Italia?
    b Quali sono gli aspetti positivi e quali quelli negativi della situazione attuale?
    c Che cosa ci si aspetta dalla futura industrializzazione del Sud?
    d Che cosa dovrebbe risultare dall'abolizione del dualismo salariale?
3 Spiegare le seguenti espressioni: fuga di potere d'acquisto; livello della domanda globale; industrializzazione via via più spontanea ed autopropulsiva; un compito improrogabile; lo squilibrio della bilancia dei pagamenti; importazioni nette; reddito lordo; risorse disponibili addizionali; spinta inflazionistica; l'eccesso di domanda; accentuato dualismo salariale; attenuarsi dell'impegno meridionalistico.
4 Tema: I problemi di una politica responsabile verso i popoli sottosviluppati.

Egregio Azionista,

nel quadro di più stretti rapporti tra l'azionariato e la Compagnia – della cui opportunità sono profondamente convinto e che già hanno trovato espressione nell'iniziativa del servizio di custodia ed amministrazione titoli – desidero oggi intrattenerLa, ad una scadenza più ravvicinata di quanto non consenta l'annuale appuntamento di bilancio, sui principali aspetti della vita sociale nel primo semestre del 1969.

L'incasso dei premi delle sole Assicurazioni Generali, per il settore e per quello indiretto, in Italia e all'estero, si è sostanziato, nei primi sei mesi dell'esercizio, in oltre 112 miliardi di lire, con un incremento dell'8,8 % rispetto al primo semestre del 1968.

Nel settore Vita (lavoro diretto) i capitali di nuova produzione ammontano nel primo semestre a 229 miliardi e l'aumento percentuale sul corrispondente periodo dell'anno trascorso è del 9. Più sostenuto l'ordine di grandezza dell'incremento dell'incasso premi: 9,3 % per il lavoro italiano e 13,3 % per il lavoro estero; complessivamente i premi hanno sfiorato i 29 miliardi, con un aumento percentuale del 10,8. Nel lavoro indiretto abbiamo superato i 12 miliardi, con un tasso d'incremento dell'11,8 %.

Nel vasto settore delle assicurazioni contro i danni (lavoro diretto) i 49 miliardi di premi incassati denunciano un aumento del 10,1 % rispetto ai primi sei mesi del 1968 mentre nel lavoro indiretto sono stati raggiunti i 22 miliardi, il che pure rappresenta un incremento – anche se contenuto (2,2 %) – rispetto allo scorso esercizio.

All'analisi dell'introito dei premi è oggi ovviamente impossibile far seguire una illustrazione dettagliata dell'andamento tecnico, e cioè del rapporto fra sinistri e premi. Sulla base dei dati di massima in nostro possesso possiamo però dire che il gravame dei sinistri continua anch'esso ad aumentare, pur non avendo raggiunto sinora punte di particolare rilievo. Limitandoci ai danni annunciati ed al mercato italiano, l'inasprimento più marcato si osserva nel settore dei rischi aeronautici ed in quello dei furti.

Passando ad altri settori dell'attività aziendale va sottolineato il consistente incremento dei nostri investimenti immobiliari: per il primo semestre essi ammontano ad oltre 8 miliardi mentre 11 miliardi sono previsti per il secondo semestre sulla base degli impegni già assunti e senza tener conto di probabili nuove operazioni. Nel 1969 le Assicurazioni Generali investiranno dunque in immobili per almeno 20 miliardi, e cioè oltre il 40% in più rispetto all'anno decorso.

Nell'ambito delle Aziende Agricole soddisfacente è stata la produzione del frumento, con una media generale ad ettaro di 43,37 quintali e medie di 50 quintali in alcune tenute.

I nostri investimenti in titoli sono sensibilmente aumentati sia per le accresciute esigenze di copertura delle riserve technniche sia per un più dinamico nostro operare nella ricerca dei migliori impieghi fruttiferi. A fine giugno il portafoglio titoli ed esteri – oculatamente distribuiti – risulta costituito da quasi 236 miliardi, di cui 106 miliardi di titoli italiani e 130 miliardi di titoli esteri. L'incremento rispetto al primo semestre 1968 è stato di 32 miliardi, pari al 15,7%.

Se i dati riportati permettono un ragionato compiacimento, essi tuttavia – anche per le particolari caratteristiche della nostra industria – non consentono né di dare per certi analoghi incrementi produttivi nel secondo semestre né di anticipare precise risultanze di bilancio. Queste ultime sono infatti legate, oltreché all'andamento tecnico dell'intero esercizio, alle vicende politico-economiche ed a quelle monetarie nazionali ed internazionali. A questo proposito va detto sin d'ora che le recenti svalutazioni del franco francese e del cruzeiro brasiliano non potranno non avere qualche influsso negativo sui nostri dati consuntivi annuali in lire.

Allo stato delle cose è tuttavia legittimo confidare che il nostro lavoro – confortato dalla fiducia degli azionisti, dalla fedeltà della clientela e dall'impegno dei collaboratori – darà pure quest'anno favorevoli risultati.

Mi è gradito inviarLe i migliori saluti.

IL PRESIDENTE
Cesare Merzagora

Corriere della Sera

1   Riassumere il contenuto del passo in circa 200 parole.

2   Rispondere in italiano in modo esauriente alle seguenti domande:

    a   Qual è la situazione generale delle Assicurazioni Generali?

    b   Qual è la situazione particolare dei vari settori all'interno delle Assicurazioni Generali?

    c   Quali prospettive vengono presentate per gli investimenti delle Assicurazioni Generali?

3   Spiegare le seguenti espressioni: servizio di custodia ed amministrazione titoli; si è sostanziato; l'ordine di grandezza dell'incremento dell'incasso premi; illustrazione dettagliata dell'andamento tecnico; dati di massima; gravame dei sinistri; accresciute esigenze di copertura delle riserve tecniche; portafoglio titoli italiani ed esteri; ragionato compiacimento; dati consuntivi annuali.

4   Tema: Esaminare i vari aspetti dei moderni sistemi assicurativi.

57 *L'industria italiana ed il K.R.*

Gli ultimi venti anni della nostra storia hanno coinciso con la trasformazione radicale e definitiva dell'economia di un 'paese prevalentemente agricolo' in quella di un paese allineato con i più avanzati modelli della civiltà industriale.

Oggi, a quattro lustri di distanza, si comprende come la scelta fondamentale di quegli anni, scelta che doveva rivelarsi addirittura rivoluzionaria, sia stata la liberalizzazione degli scambi.

Non è il caso di soffermarsi con una esposizione di dati e cifre, che ormai tutti conoscono, per sottolineare l'eccezionale tasso di incremento che ha caratterizzato lo sviluppo industriale del nostro paese. Occorre invece rilevare come questa tendenza all'apertura dei mercati abbia caratterizzato tutto il mondo occidentale e perché essa rappresenti esattamente il rovescio della politica protezionistica e di 'strenua difesa dei mercati metropolitani e coloniali' attuata negli anni tra le due guerre.

I risultati estremamente brillanti dell'economia occidentale hanno dato presto ragione a questa impostazione politica. E la CEE deve interpretarsi 'anche' come il confluire degli orientamenti dei paesi europei verso la formazione di un unico grande mercato, il quale ha accentuato ed intensificato l'impulso all'interscambio che si era vivacemente manifestato già con la liberalizzazione di qualche anno prima.

I frutti precoci del MEC hanno attirato immediatamente l'attenzione e l'interesse di molti paesi. Non è da escludere, anzi, che tale fenomeno abbia, sia pure in parte, stimolato l'iniziativa americana del *Trade Expansion Act*, promossa da Kennedy nel 1962.

A questo negoziato, che ha preso appunto il nome di *Kennedy Round*, hanno partecipato 54 paesi. Le trattative che si sono susseguite per ben cinque anni si sono concluse il 14 maggio scorso, ad orologi fermi, allo scopo di consentire l'approvazione al Presidente degli S.U. prima del 30 giugno, data di scadenza approvata dal Senato per il *Trade Expansion Act*. Le trattative sono state dunque lunghe ed estenuanti e fino all'ultimo momento si è temuto in un loro fallimento.

I risultati resi noti sono stati largamente commentati ed il ventaglio di giudizi è quasi unanimemente favorevole. L'obiettivo, come è noto, era di una riduzione doganale lineare del 50 % per tutti i prodotti. Nonostante non si sia riusciti a raggiungere tale ambizioso traguardo, l'accordo raggiunto per la riduzione doganale da effettuarsi in 5 anni, a partire dal luglio 1967 o dal gennaio 1968, nella misura di circa il 35 %, rappresenta una conquista dal punto di vista commerciale assolutamente eccezionale, che potrebbe portare con sé non trascurabili conseguenze sociali e politiche.

In particolare, per l'industria meccanica sarà applicata la riduzione del 50 %, ivi compresa l'industria automobilistica, per la quale il tasso doganale comune del 22 % sarà ridotto all'11 %. Per l'industria chimica, sulla quale ripetutamente il *Kennedy Round* ha rischiato di affondare, si è raggiunto un accordo di riduzione del 50 % in cinque tappe. Tuttavia l'Europa, mentre applicherà la riduzione del primo 20 % incondizionatamente, ha subordinato la riduzione del successivo 30 % alla soppressione da parte degli S.U. dell'*American Selling Price* (A.S.P.). Come è noto, l'industria chimica americana nell'ambito dei propri già elevati livelli doganali, gode di un'ulteriore superprotezione costituita appunto dall'A.S.P. che stabilisce il valore della merce sul prezzo del mercato interno, prescindendo del tutto dai dati della libera contrattazione internazionale. Va rilevato, anzi, che i prodotti chimici godono di dazi che raggiungono in taluni casi anche il 170 %. Su questo punto gli stessi americani si sarebbero impegnati non solo a sopprimere l'A.S.P., ma a tenere i dazi doganali per i prodotti chimici al disotto del 40 %.

E. CARBONE, Nord e Sud

1 Riassumere il contenuto del passo in circa 200 parole.
2 Rispondere in italiano in modo esauriente alle seguenti domande:
   a Quali trasformazioni ha subito l'economia italiana nell'ultimo periodo?

b In che modo la liberalizzazione degli scambi ha ispirato il Kennedy Round?

c Quali sono gli scopi che il Kennedy Round si è prefisso?

d Quali industrie vengono maggiormente interessate dagli accordi del K.R.?

3 Spiegare le seguenti espressioni: quattro lustri di distanza; liberalizzazione degli scambi; eccezionale tasso di incremento; questa impostazione politica; il confluire degli orientamenti dei paesi europei; ad orologi fermi; il ventaglio di giudizi; tale ambizioso traguardo; ha rischiato di affondare; prescindendo del tutto dai dati della libera contrattazione internazionale.

4 Tema: I problemi creati e i problemi risolti dal Kennedy Round.

Il quadro borsistico si è improvvisamente colorito a tinte vivaci dopo tre settimane di toni grigi che denunciavano lo stato di incertezza esistente.

La quota azionaria ha ripreso a salire, iscrivendo rispetto a otto giorni fa un progresso medio del 3,7 per cento, sospinta da un ampio movimento di affari che nell'ultima riunione ha superato anche i 4,4 milioni di titoli per un valore di oltre 12 miliardi di lire.

Un così netto passaggio da una impostazione all'altra non può evidentemente essere il frutto di un gratuito mutamento d'umore. Posto che gli interrogativi – sul piano interno e internazionale – che recentemente avevano condizionato il mercato non sono caduti, è chiaro che altri motivi sono intervenuti a tonificare la Borsa.

E' di una settimana fa il disegno di legge governativo in ordine alla esenzione dall'imposta sulle società per gli aumenti di capitale eseguiti da imprese che hanno titoli quotati (o che abbiano avanzato richiesta per la quotazione). Esso segue alle decisioni (prese all'inizio del mese) del Comitato interministeriale per il credito e il risparmio nei riguardi della quotazione ufficiale delle azioni Comit, Credito Italiano, Banco di Roma e Alfa Romeo e sembra preludere ad altre misure atte a tonificare la Borsa. In particolare si è prodotta viva attesa nei confronti della legislazione sui fondi di investimento, che proprio in questi giorni è al centro di esame e di discussione in sede politica e tecnica specie per quanto riguarda la riconosciuta necessità di conferire ad essi competitività nei confronti dei fondi stranieri.

In ciò è evidente una attenzione e una cura da parte degli organi di governo – che non trova riscontro da vari anni a questa parte – nel manifesto intento di rilanciare l'investimento azionario e di arginare l'esodo dei capitali che, fra l'altro, ha creato all'interno del nostro Paese un assottigliamento della liquidità.

Sono questi, in sostanza, i motivi che hanno rimesso in movimento la Borsa, pronta a sottolineare tutto quanto può trarla dallo stato di disagio in cui per tanto tempo si è dibattuta. Certo, per il momento, sono ancora le solite correnti – di cui la speculazione è una componente – ad agitarsi. Il risparmio è tuttora assente, in parte perché meno pronto a recepire certi aspetti, in parte perché, sia per un naturale riserbo, sia per diffidenze accumulate, vuol vedere in concreto che cosa deriverà dai nuovi provvedimenti.

Comunque in un'atmosfera più operosa e con un mercato più vivo, anche le scadenze legate con la chiusura del ciclo operativo di agosto-settembre (e cioè la risposta premi e i riporti), nei confronti delle quali sussisteva qualche perplessità, sono state superate agevolmente.

L'inizio dell'ottobre borsistico – avvenuto con la riunione di giovedì – ha espresso, attraverso una vigorosa rianimazione di affari e di prezzi, le speranze di vedere risolti alcuni degli annosi problemi di fondo.

La domanda ha spaziato in tutti i settori del listino, interessandosi anche a quei valori fin qui trascurati. Alla tensione degli assicurativi e degli immobiliari, si è aggiunta quella dei finanziari e dei valori più spiccatamente industriali, quali i chimici compresi Montedison e Anic, i metalmeccanici e i tessili con particolare riguardo a quelli delle fibre artificiali e sintetiche che, come è noto, godono di una positiva congiuntura. Si può quindi dire che il movimento della quota si è generalizzato.

Provvedimenti solleciti e ben congegnati – e cioè con una visione realistica dei problemi – possono costituire per la Borsa un valido supporto sul quale poter costruire. L'opera di edificazione, dopo la comprensibile forte spinta iniziale, non potrà che avvenire per gradi.

Le azioni delle tre banche di interesse nazionale hanno continuato ad alimentare, in sede ufficiosa, consistenti scambi a prezzi che confermano gli ampi progressi conseguiti nella precedente ottava.

Corriere della Sera

1 Riassumere il contenuto del passo in circa 200 parole.

2 Rispondere in italiano in modo esauriente alle seguenti domande:

    a Qualè statal a causa contingente del rialzo della quota azionaria?

    b Che cosa tiene lontano il settore risparmio dalla ripresa della Borsa?

    c Perchè si può affermare che il movimento della quota si è generalizzato?

    d Qualè stata l'azione delle banche?

3 Spiegare le seguenti espressioni: manifesto intento di rilanciare l'investimento azionario; arginare l'esodo dei capitali; assottigliamento della liquidità; atmosfera più operosa; annosi problemi di fondo; la domanda ha spaziato in tutti i settori del listino; in sede ufficiosa.

4 Tema: Importanza dell'istituzione bancaria nella vita economica nazionale e internazionale.

59 *L'aumento del tasso di sconto*

(Nostro servizio particolare)   Roma, 13 agosto
Dopo 11 anni il tasso ufficiale di sconto è stato elevato in Italia
dal 3,5 al 4 per cento a partire da domani 14 agosto. Il comunicato del ministero del Tesoro annuncia stasera che anche l'interesse per le anticipazioni su titoli presso la Banca d'Italia sale dal
3,5 al 4 per cento.

Il comunicato aggiunge che il complesso dei provvedimenti
presi oggi 'attesta la volontà delle autorità di governo di
perseverare nella politica di sostegno dello sviluppo della nostra
economia e mantenere sotto controllo il processo di creazione di
mezzi di pagamenti, al fine di garantire la stabilità dei prezzi. Le
autorità responsabili considerano che tale stabilità è condizione
inderogabile dello sviluppo stesso, ed in questo convincimento
non tollereranno che una eccessiva espansione del credito possa
concorrere a finanziare aumenti di prezzi superiori a quelli previsti
dal programma economico. L'ulteriore accostamento fra tassi di
interesse vigenti all'interno del nostro paese e quelli vigenti nel
mercato internazionale, dovrebbe contribuire a limitare l'esporta-
zione di capitali'.

L'ingente uscita di capitali contrasta con l'andamento positivo
della nostra economia. Il ministero del Tesoro osserva infatti
nella sua nota che 'nel momento presente la nostra economia è
caratterizzata da un saggio di sviluppo tra i più elevati fra quelli
toccati in questi ultimi anni, per l'effetto congiunto di un intenso
dinamismo della domanda interna ed esterna. L'obiettivo della
politica economica del governo è di mantenere le condizioni
nelle quali lo sviluppo avvenga senza soluzioni di continuità, ed
a questo fine la politica monetaria fornisce all'economia la
liquidità necessaria per sostenere l'espansione'.

La Stampa

1 Riassumere il contenuto del passo in circa 100 parole.
2 Rispondere in italiano in modo esauriente alle seguenti domande:
  a Che significato ha nell'economia di una nazione l'elevamento del tasso di sconto?
  b Quali motivi hanno spinto le Autorità italiane a questo atto?
  c Quali sono le condizioni attuali dell'economia italiana?
3 Spiegare in modo esauriente le seguenti espressioni: tasso ufficiale di sconto; stabilità dei prezzi; condizione inderogabile dello sviluppo; l'ulteriore accostamento; andamento positivo della nostra economia; saggio di sviluppo; senza soluzioni di continuità.
4 Tema: Cosa rappresentano i sistemi bancari nell'economia di una nazione moderna.

60 *Pubblicità di un Istituto di Credito*

Il Consorzio di Credito per le Opere Pubbliche concede mutui per l'esecuzione di opere pubbliche, garantiti dalla cessione di annualità a carico dello Stato o da delegazioni di tributi esigibili con i privilegi delle imposte dirette (sovrimposta fondiaria, imposte di consumo, imposta di famiglia, ecc.), rilasciate da Comuni, Province e Consorzi di Bonifica. Altre importanti operazioni sono costituite dai finanziamenti effettuati direttamente allo Stato, alla Azienda Autonoma delle Ferrovie dello Stato, ed all'Azienda Nazionale Autonoma delle Strade (ANAS); le rate per interessi ed ammortamenti di tali mutui sono iscritte, con distinta imputazione, nei bilanci dei rispettivi Enti e specificatamente vincolate a favore del Consorzio. Inoltre l'Istituto svolge attività di finanziamento a favore di Enti locali per il ripiano dei loro disavanzi economici di bilancio ed a favore di cedenti di contributi statali relativi a danni di guerra.

In corrispondenza dei mutui concessi il Consorzio emette proprie obbligazioni in valuta legale o in valuta estera, rimborsabili in relazione all'ammortamento dei mutui stessi. I crediti del Consorzio, derivanti dai mutui, sono vincolati al pagamento degli interessi ed all'ammortamento delle obbligazioni corrispondenti. La massa delle obbligazioni consorziali è garantita, oltre che da tali crediti, dal capitale sociale e dalle riserve. Le obbligazioni emesse ai sensi del D.L. 15/3/1965, n. 124, convertito, con modificazioni, in Legge 13/5/1965, n. 431, e della Legge 28/3/1968, n. 382, godono della garanzia dello Stato.

Le obbligazioni del Consorzio sono esenti da qualsiasi tassa o imposta, presente e futura; sono parificate alle cartelle di credito comunale e provinciale emesse dalla Cassa Depositi e Prestiti e sono assimilate alle cartelle di credito fondiario. Esse sono comprese fra i titoli sui quali l'istituto di emissione è autorizzato a concedere anticipazioni e possono essere accettate quale deposito cauzionale presso le pubbliche amministrazioni; possono essere, inoltre, depositate dalle aziende di credito presso la Banca d'Italia a garanzia degli assegni circolari emessi; sono ammesse di diritto alle quotazioni di Borsa.

1 Riassumere brevemente il contenuto del passo precedente.
2 Rispondere in italiano in modo esauriente alle seguenti domande:
    a   Che cosa è il C.C.O.P.?
    b   Per quali scopi è stato creato?
    c   Come funziona il C.C.O.P.?
    d   Di quali privilegi godono le obbligazioni del C.C.O.P.?
3 Spiegare le seguenti espressioni: concede mutui; garantiti dalla cessione di annualità a carico dello Stato; delegazione di tributi esigibili con i privilegi delle imposte dirette; sovrimposta fondiaria; consorzi di bonifica; ripiano dei loro disavanzi economici di bilancio; obbligazioni in valuta legale o in valuta estera; sono parificate alle cartelle di credito comunale e provinciale; sono assimilate alle cartelle di credito fondiario; deposito cauzionale; ammesse di diritto alle quotazioni di Borsa.
4 Tema: L'importanza del sistema dei mutui in una economia moderna.

NOTE
D.L. = Decreto Legge.